MW00587176

«Este libro es una excelente expos
propio; [muestra] cómo cultivarlo y cómo impacta toda la vida.
Nuestro mundo y la Iglesia necesita hombres con dominio propio
para crecer en santidad y honrar al Señor en todo. ¡Este recurso
contribuirá a la formación de ellos y lo recomiendo ampliamente!».

**Josué Barrios**
Coordinador Editorial de Coalición por el Evangelio

«El filósofo Filón de Alejandría dijo que es la base para el alma.
Aquino, que es la virtud cardinal. En consejería he experimentado
que muchos problemas están unidos a la falta de dominio propio.
Este es un recurso útil y necesario que pienso poner en manos
de mis aconsejados. ¡Precisamente estaba buscando materiales que
trataran el tema!».

**Juan Moncayo**
Pastor, Iglesia La Fuente, Quito, Ecuador
Consejero Certificado por ACBC

«Llegó a mis manos este recurso oportuno en nuestro siglo prag-
mático donde, para muchos, el *marketing* ha secuestrado las riendas
una vez dirigidas por convicciones bíblicas, tanto de los ministerios
como de los individuos. Ya que he luchado con las tentaciones de
engrandecer el producto en vez de la gloria de Dios, terminé el libro
bajo convicción, pero con esperanza en Cristo. Sé que será una gran
herramienta para la Iglesia del Señor».

**Joe Owen**
Director de Respuestas en Génesis, América Latina

«El Espíritu Santo labra en el cristiano la asombrosa virtud de la
templanza. Esta obra nos recuerda de forma clara que con el poder
del Señor cumplimos nuestro llamado recuperando para Su gloria
las riendas del corazón».

**David Barceló**
Pastor, Iglesia Evangélica de la Gracia, Barcelona, España

«El autocontrol no es fácil en un mundo que celebra la lujuria y el exceso desenfrenado. *Dominio propio* es un libro excelente y necesario que explica cómo es el autocontrol en las muchas áreas de la vida cristiana. Más importante aún, nos señala el evangelio como el único medio eficaz para practicar esta virtud».

**Bruce Burkholder**
Director de Editorial EBI

«Vivimos en un mundo de atención fragmentada, distracciones, afanes y autocomplacencia, todo lo cual se opone al dominio propio. Es necesario que nos recuerden esto y que volvamos a sujetarnos a la verdad bíblica del dominio propio presentada en este libro. Cristiano: Hazlo, y serás bendecido».

**Jeremie Roy**
Misionero a España laborando en plantación de iglesias y educación teológica

«Este recurso que tienes en tus manos te ayudará a entender cómo el dominio propio es una invitación a un estilo de vida controlado y rendido al Espíritu de Dios. Léelo con un corazón enseñable y dispuesto a vivir para la gloria de Dios en cada área de tu vida. ¡Muy recomendado!».

**Moisés Gómez**
Pastor, First Irving Español, Dallas, Texas, EE. UU.

«Lo que cautivó mi atención al leer *Dominio propio* fue la forma clara, humilde y bíblica en la que los autores presentan el desafío de procurar y cultivar una vida cristiana caracterizada por el fruto espiritual del dominio propio. No es un llamado moralista, ya que cada capítulo expone las promesas y el poder del evangelio como la fuente de esperanza y la motivación para dar pasos en fe y obediencia en pos de una vida que glorifique a Dios y bendiga a otros. Agradezco al Señor por el esfuerzo realizado para presentar este valioso recurso al pueblo de Dios. No me queda duda de que cada creyente que lea *Dominio propio* crecerá en su entendimiento bíblico y en la aplicación práctica de tan importante virtud».

**René González González**
Pastor de Adoración y del Ministerio Hispano de Bethlehem Baptist Church, Mineápolis, Minnesota, EE. UU.

«Una de las instrucciones del apóstol Pablo a Timoteo fue que se cuidara de sí mismo, porque así guardaría su alma y la de los que lo oyeran (1 Ti. 4:16). Los autores de este libro te ayudarán a entender por qué el dominio propio es crucial para tu santificación y la de los que te rodean».

**Giancarlo Montemayor**
Vicepresidente de publicaciones globales, Lifeway Christian Resources

«Este es un libro bíblicamente preciso y eminentemente práctico. No solo explica bien el dominio propio, sino que también lo aplica a múltiples aspectos de la vida. Es un libro valiente y hasta chocante porque fue escrito para una generación que ha confundido el desenfreno con libertad. Sin dominio propio es difícil, si no imposible, el desarrollo del carácter. ¡Visto así, este libro es fundamental!».

**Héctor Salcedo Llibre**
Pastor ejecutivo, Iglesia Bautista Internacional, Santo Domingo, República Dominicana.

# DOMINIO PROPIO

## CONTROL EN UNA ÉPOCA DE DESENFRENO

**DANIEL PUERTO Y JOSUÉ PINEDA DALE**
EDITORES GENERALES

EDITORIAL
PORTAVOZ

La misión de *Editorial Portavoz* consiste en proporcionar productos de calidad —con integridad y excelencia—, desde una perspectiva bíblica y confiable, que animen a las personas a conocer y servir a Jesucristo.

EDITORIAL PORTAVOZ
2450 Oak Industrial Drive NE
Grand Rapids, MI 49505 USA
Visítenos en: www.portavoz.com

ISBN 978-08254-5019-8
ISBN 978-08254-6971-8 (Kindle)
ISBN 978-08254-7057-8 (epub)

1 2 3 4 5 edición / año 30 29 28 27 26 25 24 23 22

*Impreso en los Estados Unidos de América*
*Printed in the United States of America*

*A Greg Morrow, Henry Tolopilo y Erwin Barahona, pastores,
amigos y mentores que modelaron para nosotros el dominio propio
y el gozo que viene de una vida bajo control para servir a otros.*

*Si no podemos desarrollar el dominio propio, no podremos desarrollar tampoco ninguna de las otras características que conforman un carácter piadoso. En ese sentido, podemos decir que el dominio propio es la puerta de entrada a todas las demás características piadosas que deseamos ver.*

**Sugel Michelén**

# Contenido

# Colaboradores

**Jacobis Aldana**, colombiano, sirve en el ministerio pastoral desde 2010, en la fundación de Estudios Bíblicos Alfa y Omega como maestro-directivo, y es miembro fundador de la Red de Iglesias Bíblicas del Caribe Colombiano. Además, sirvió en Soldados de Jesucristo como director editorial. Jacobis es Licenciado en Artes y Estudios Teológicos del Miami International Seminary (MINTS) y candidato a Maestría en Divinidad en Midwestern Baptist Theological Seminary. Contribuyó como escritor en *El orgullo*, está casado con Keila y es padre de Santiago y Jacobo.

**Lucas Alemán**, argentino, es director de educación en español y profesor de Antiguo Testamento en The Master's Seminary. También es director ejecutivo de la Sociedad Teológica Cristiana y pastor-maestro de la Iglesia Bíblica Berea en North Hollywood, California. Además, es el editor general y uno de los autores de *La hermenéutica de Cristo* así como uno de los contribuidores de *En ti confiaré* (dos volúmenes) y *El orgullo*. Tiene un M.Div., un Th.M. y un Ph.D. de The Master's Seminary. Lucas y su esposa, Clara, tienen tres hijos: Elías Agustín, Enoc Emanuel y Emet Gabriel.

**Santiago Armel**, colombiano, es pastor en la Iglesia Bíblica Cristiana de Cali en Colombia y sirve también como director de la Conferencia Baluarte de la Verdad en Cali, Colombia. Santiago fue administrador de la Conferencia Expositores en Los Ángeles, California, por varios años. Ha contribuido en los siguientes libros: *De vuelta a Cristo*, *Declaring His Glory among the Nations* [*Declarar su gloria en las naciones*], *Siervo fiel*, *En ti* *confiaré* (dos volúmenes) y *El orgullo*. Santiago tiene un M.Div. de The Master's Seminary y también está cursando un Th.M. Él y su esposa, Juliana, tienen un hijo: Santiago.

**Luis Contreras**, mexicano, es anciano en Grace Community Church, y sirve como parte del equipo pastoral en Grace en Español y del comité de ancianos que cuida de los misioneros. Trabaja también en la traducción al español para el ministerio del pastor John MacArthur, Gracia a Vosotros. Sirvió como misionero en la Ciudad de México, donde trabajó como profesor en el Seminario Bíblico Palabra de Gracia y como pastor-maestro de la Iglesia Cristiana de la Gracia. Formó parte del equipo que tradujo la Biblia de estudio MacArthur al español, sirviendo también como corrector del proyecto. Luis tiene un M.Div. y un D.Min de The Master's Seminary, está casado con Robin y tienen 3 hijos: Olivia, Rodrigo y Ana.

**Ricardo Daglio**, argentino, es pastor de la Iglesia Bíblica de Villa Regina (UCB) en Villa Regina, Río Negro, Argentina, desde el 2008. Además, fue pastor por 16 años en Salto, Uruguay. Es graduado del Instituto Bíblico Unión de Centros Bíblicos y del Instituto Integridad y Sabiduría. Actualmente es candidato a la Maestría en Ministerio Bíblico en The Master's Seminary. Contribuyó como escritor en *De vuelta a Cristo* y *El orgullo*. Ricardo está casado con Silvina y tienen tres hijos: Carolina, Lucas y Micaela.

**David González**, español, es pastor en la Iglesia Evangélica de Teis en Vigo, España, y sirve como profesor en el Seminario Berea en León, España. Ha contribuido en los siguientes libros: *Siervo fiel* y *En ti confiaré* (dos volúmenes). David tiene un M.Div. en The Master's Seminary, está casado con Laura y tienen dos hijas: Noa Grace y Cloe Joy.

**Israel Guerrero**, chileno, biólogo, tiene un Máster en Teología del Seminario Teológico de Edimburgo y Universidad de

Glasgow. Actualmente está realizando un Ph.D. en Teología Sistemática en la Universidad de Edimburgo, Escocia. Israel es autor de *Teología para toda la vida*, del prólogo a la edición en español del primer volumen de la *Institución de la teología elén-tica* de Francis Turretín, así como contribuidor de *El orgullo*. Su pasión es servir en el desarrollo de la teología reformada en los distintos contextos hispanos y así ayudar en la capacitación de los próximos plantadores de iglesias y teólogos. Junto con su esposa Camila y sus dos hijas —Emma y Eilidh— son miembros de la Free Church of Scotland.

**Aarón Halbert**, estadounidense, sirve en Tegucigalpa, Honduras, como uno de los pastores de la Iglesia Presbiteriana Gracia Soberana. Disfruta largas conversaciones sobre la plantación de iglesias, todo lo relacionado con los Volunteers de la Universidad de Tennessee, casi cualquier comida hondureña (excepto la sopa de mondongo) y los Tottenham Hotspur. Aarón está casado con Rachel y tienen cinco hijos, a quienes les encanta servir junto a sus padres a través de la hospitalidad y encontrar formas de establecer relaciones en la iglesia en actividades de los niños y con los vecinos.

**Nelson Matus**, chileno, es pastor de Redeemer en Español en la ciudad de Álamo, Texas, así como profesor y auditor de acreditación en el Seminario Bíblico Río Grande en Edinburg, Texas. Nelson tiene un B.A. en Teología con énfasis en Ministe-rio Pastoral del Seminario Bíblico Río Grande y una maestría del Midwestern Baptist Theological Seminary, también con énfasis en Ministerio Pastoral. Contribuyó como escritor en *El orgullo*, está casado con Pakis y tienen una hija: Hadassa.

**Rudy Ordoñez**, hondureño, es miembro de la Iglesia Presbi-teriana Gracia Soberana, en Tegucigalpa, Honduras, y está en proceso de ser ordenado como pastor gobernante. Además, sirve como director editorial en Soldados de Jesucristo. Apasionado de la iglesia local, historia de la Iglesia y apologética, le gusta leer mucho y escribir un poco de todo. Además, trabaja como editor y traductor con diferentes ministerios y organizaciones. Rudy es editor de contenido y contribuidor de *El orgullo*, está casado con Ehiby y tienen dos hijos: Benjamín y Abigail.

**Josué Pineda Dale**, salvadoreño, es pastor de Outreach [Alcance] y del ministerio en español de Grace Bible Church en Hutchinson, Kansas, así como director de «Hombre Renovado», de Soldados de Jesucristo. Es editor general y uno de los contribuidores de *En ti confiaré* (dos volúmenes) y de *El orgullo*, editor de contenido de *La hermenéutica de Cristo* y ha contribuido además en *Declaring His Glory among the Nations* [*Declarar su gloria en las naciones*] y *Siervo fiel*. Además, colabora como autor en «Estudios bíblicos para la vida» de LifeWay. Tiene un M.Div. y un Th.M. en Teología Sistemática de The Master's Seminary. Josué está casado con Mabe y tienen dos hijos: Daniel y Valentina.

**Daniel Puerto**, hondureño, es coordinador editorial de Poiema Publicaciones y director ejecutivo de Soldados de Jesucristo. Estudió en el Instituto Bíblico Río Grande en Edinburg, Texas, y actualmente cursa una maestría en el Southern Baptist Theological Seminary. Es editor general y contribuidor de *De vuelta a Cristo* y de *El orgullo*, y uno de los contribuidores de *En ti confiaré* (dos volúmenes). Daniel está casado con Claudia y tienen tres hijos: Emma, Loikan y Leah.

**David Puerto**, guatemalteco-hondureño, forma parte del equipo pastoral de Iglesia Reforma. Tiene una licenciatura en Estudios Bíblicos y una Maestría en Ministerio. Sirve como el Líder del Área Ministerial de Movilización para América Latina de TEAM (The Evangelical Alliance Mission). David vive en Guatemala con su esposa Natalia y sus dos hijos: Felipe y Sara.

**Roberto Sánchez**, salvadoreño, es pastor-maestro de la Iglesia Bíblica Berea en North Hollywood, California, así como decano de estudiantes de educación en español y profesor asistente de Ministerio Pastoral de The Master's Seminary. Es uno de los autores de *La hermenéutica de Cristo*, de *En ti confiaré* (dos volúmenes) y de *El orgullo*. También tiene un M.Div. de The Master's Seminary, un Th.M. de Golden Gate Baptist Theological Seminary y un D.Min. de Southern Baptist Theological Seminary. Roberto está casado con Enza y tienen tres hijos: Jacklyn Nicole, Karen Alessia y Roberto Paolo.

**John Edgar Sandoval**, colombiano, es pastor plantador de la Iglesia Cristiana Reformada de Bucaramanga, Colombia, y fue ordenado al ministerio por el Presbiterio Andino de la Iglesia Reformada Evangélica Presbiteriana de Colombia. Además, es miembro de la junta directiva del Seminario Reformado Latinoamericano, así como profesor de Teología Histórica y Misiones Reformadas en América Latina. John contribuyó como escritor en *El orgullo*, está casado con Cindy Juliana y tienen dos hijos: Christopher y Francis.

**Alberto Solano**, mexicano, es uno de los pastores en Iglesia Comunidad Bíblica en Guadalajara, México. Estudió una Maestría en Divinidad y una Maestría en Teología con énfasis en Nuevo Testamento en The Master's Seminary, donde sirvió como profesor de griego. Además, es uno de los contribuidores de *En ti confiaré* (dos volúmenes) y de *El orgullo*. Actualmente vive en Oxford, Reino Unido, donde cursa un posgrado en la Universidad de Oxford. Alberto está casado con Kathy y tienen tres hijas.

**Douglas Torres**, venezolano, es profesor del Centro de Capacitación Bíblica para Pastores, facilitador del Seminario Teológico Ministerial (SETEMI) y maestro de la Iglesia Bautista Nuevo Amanecer en Trujillo, Venezuela. Es graduado del Seminario Bíblico Río Grande en Edinburg, Texas y en la actualidad cursa una Maestría en Teología en el Seminario Teológico

Bautista de Venezuela. Douglas contribuyó como escritor en *El orgullo*, está casado con Erika y tienen dos hijos: Douglas Davet y Naryet Orel.

**Heber Torres**, español, actualmente trabaja en la plantación de una iglesia en Madrid. Además, es profesor de Teología y director del Certificado en Estudios Bíblicos en el Seminario Berea en León, España. Ha contribuido en los siguientes libros: *Siervo fiel*, *En ti confiaré* (dos volúmenes) y *El orgullo*. Heber estudió un M.Div. en The Master's Seminary, está casado con Olga y tienen tres hijos: Alejandra, Lucía y Benjamín.

**Adrián Sebastián Winkler**, argentino, sirve en la Iglesia Bautista de Lincoln, Buenos Aires, Argentina. También escribe el devocional «Gracia y Sabiduría» junto a su familia, y es el director de traducciones en Soldados de Jesucristo. Además, es profesor de Literatura y está cursando un diplomado en Biblia y Teología en el Instituto de Expositores de Argentina (IDEAR). Adrián disfruta mucho la música, leer, pasar tiempo al aire libre, hacer cosas con sus manos y, sobre todo, compartir lo que el Señor le enseña a través de su Palabra. Contribuyó como escritor en *El orgullo*, está casado con Karina y tienen dos hijas: Julia y Emilia.

# Prólogo

El Nuevo Testamento contiene una exhortación muy necesaria, aunque descuidada, para los hombres cristianos de hoy: «Más bien disciplínate a ti mismo para la piedad. Porque el ejercicio físico aprovecha poco, pero la piedad es provechosa para todo, pues tiene promesa para la vida presente y *también* para la futura. Palabra fiel *es esta*, y digna de ser aceptada por todos» (1 Ti. 4:7b-9). Tal disciplina es el tema de este libro, *Dominio propio*, dirigido a los hombres, en particular a hombres cristianos.

*Dominio propio* es un libro poderoso y personal que trata una de las mayores necesidades de los hombres en la actualidad. La Iglesia está plagada por el descuido del dominio propio, lo cual se hace evidente por la flagrante inmoralidad, las familias disfuncionales, los matrimonios rotos y una epidemia de irresponsabilidad personal y obesidad. La Iglesia hispanohablante necesita especialmente un poderoso recordatorio de la necesidad de ejercitar este fruto del Espíritu (Gá. 5:23) y la demostración de esta cualidad del carácter redimido (2 P. 1:6).

Un coro de hombres piadosos de todos los rincones del mundo de habla hispana compone un himno sagrado de explicación y exhortación sobre el gran tema del dominio propio. La variedad de colaboradores declara en voz alta la necesidad universal en nuestras iglesias de comprender e implementar el mandato bíblico acerca del dominio propio. Esto se hace en una variedad magistral de temas y estilos. No se deja piedra sin remover. Los autores se mueven de la base teológica y bíblica del dominio propio a las aplicaciones más prácticas de la vida personal. No solo definen el dominio propio o autocontrol, sino que también revelan las áreas de nuestra vida donde más se necesita. Los escritores «se meten hasta la cocina» —como se dice a menudo. El libro instruye la mente, trae convicción al corazón y mueve la voluntad para practicar esta virtud bíblica. Elogio tanto la erudición como la naturaleza espiritual del libro, así como el noble coraje de abordar un tema que todo hombre necesita escuchar. *Dominio propio* apela a todo hombre, ya sea joven o mayor, cristiano o no. Lo veo como un libro que los hombres pueden usar para discipular a otros hombres o incluso para discipular a sus hijos. Retó mi corazón y estoy convencido de que también desafiará el tuyo. ¡Que Dios lo use para producir hombres de Dios que a su vez produzcan iglesias sólidas y saludables para la gloria de Dios!

Dr. Alex Montoya
Pastor, First Fundamental Bible Church,
Whittier, California, EE. UU.
Autor de *Predicando con pasión* (Portavoz, 2003).

# Introducción

¿Qué pasa por tu mente cuando escuchas la frase «dominio propio»? Quizás pienses en dietas, un régimen de ejercicio o soldados en entrenamiento. Quizás vengan a tu mente decisiones pasadas que lamentas, o decisiones que celebras. Es posible que te sientas culpable porque careces de dominio propio. O puedes sentirte animado, y hasta orgulloso, porque crees que lo posees. Este libro es para ti independientemente del concepto que tengas del dominio propio y de tu nivel de práctica en él.

Escribimos estas páginas porque deseamos prestar atención a este tema tan importante en la vida del hombre creyente. Anhelamos que no respondas como el procurador Félix: «Al disertar Pablo sobre la justicia, *el dominio propio* y el juicio venidero, Félix, atemorizado dijo: *"Vete por ahora*, pero cuando tenga tiempo te mandaré llamar"*» (Hch. 24:25, énfasis añadido). Pablo era «instrumento escogido» de Dios para testificar de Cristo «en presencia de los gentiles, de los reyes y de los israelitas» (Hch. 9:15). Esta comparecencia ante el gobernador Félix fue una de esas oportunidades de compartir la verdad de la salvación en Cristo con un no creyente. Es notable, entonces, que Pablo hablara a Félix sobre «el dominio propio» al compartir sobre el camino de salvación.

Ante el tema, Félix se puso *un poco nervioso* y le pidió a Pablo que no hablara más. ¿Qué pasaba en la vida de Félix? ¿Qué le hizo reaccionar así? Hechos 24 nos da tres pistas. Primero, Lucas nos dice que en esa audiencia estaba Félix acompañado «con Drusila su mujer, que era judía» (Hch. 24:24). ¿Quién era Drusila? ¿Cuál era su historia? Aquí tenemos ayuda de Josefo, el historiador judío:

Siendo Félix procurador de Judea, vio a esta Drusila, y se enamoró de ella, pues en verdad superaba a todas las demás mujeres en belleza, y le envió a una persona que se llamaba Simón, uno de sus amigos; era judío y chipriota de nacimiento, y se hacía pasar por mago; y trató de persuadirla para que abandonara a su actual esposo, y se casara con él; y le prometió que si no lo rechazaba, la haría una mujer feliz. En consecuencia, actuó mal [...] fue convencida de transgredir las leyes de sus antepasados, y casarse con Félix.[1]

Félix robó la esposa a un hombre. Y esta mujer «tenía dieciséis años en el momento de su matrimonio».[2] Todo esto nos deja saber que Félix obtenía lo que quería a cualquier precio.

Segundo, Lucas nos dice que Félix «tenía esperanza de que Pablo le diera dinero. Por eso acostumbraba llamarlo con frecuencia y conversar con él» (Hch. 24:26). Parece que al hombre no solo le gustaban las mujeres casadas, sino que también le gustaban los sobornos. Cuando el dinero está como prioridad sobre la integridad, el resultado es una vida desenfrenada, sin control, porque se debe obtener dinero a cualquier costo.

Tercero, «deseando hacer un favor a los judíos, Félix dejó preso a Pablo» (Hch. 24:27). Jugar a la política también resulta en falta de dominio propio, porque entonces solamente se busca todo lo que convenga al éxito y el interés personal. ¡Con toda razón Félix echó a Pablo de su presencia! No quería hablar de un tema que le tocaba tan cerca.

Lo mismo nos puede suceder a nosotros. Seguramente no estamos en las mismas circunstancias de Félix, pero quizás nos falta tanto dominio propio como a él. Podemos hablar de la corrupción

---

1. Flavius Josephus y William Whiston, *The Works of Josephus: Complete and Unabridged* [*Obras completas de Flavio Josefo*], traducción del autor (Peabody, MA: Hendrickson, 1987), pp. 533-534.
2. John B. Polhill, *Hechos*, editado por David S. Dockery, vol. 5, Nuevo Comentario Americano del Nuevo Testamento (Bellingham, WA: Editorial Tesoro Bíblico, 2021), Hechos 24:24-27.

del gobierno y de las malas decisiones de nuestros líderes. Podemos conversar sobre teoría teológica o muchos otros temas importantes y fascinantes. Pero ¿estamos dispuestos a hablar del dominio propio en nuestra vida? Sí, este es un tema clave para todo hombre creyente que desea vivir para la gloria de Dios. Juan Calvino escribió en su comentario sobre 1 Corintios 9:27: «tratemos el cuerpo de manera que sea un esclavo, para que no nos impida, por su *desenfreno*, cumplir con los deberes de la piedad; y más aún, para que no lo complazcamos, de manera que causemos daño u ofensa a otros».[3] Quizás la palabra «desenfreno» define alguna área de tu vida, pero no permitas que eso sea una excusa para seguir el ejemplo de Félix, quien mandó a callar a Pablo. No descartes este libro porque tiene buenas noticias para ti. A diferencia de Félix, los hombres cristianos contamos con muchas ventajas en cuanto al dominio propio. A continuación mencionaremos tres:

*Primero*, tenemos el perdón de Dios por la obra de Cristo a nuestro favor. Por eso, «no hay condenación para los que están en Cristo Jesús» (Ro. 8:1). Todos nuestros fracasos por falta de dominio propio fueron condenados en la cruz sobre los hombros de Cristo. El Cordero de Dios murió como nuestro sustituto y quitó nuestro pecado (Jn. 1:29). Cristo quitó de en medio «el documento de deuda que consistía en decretos contra nosotros y que nos era adverso [...] clavándolo en la cruz» (Col. 2:14). Ese «documento de deuda» incluía toda nuestra falta de dominio propio y todo nuestro desenfreno (pasado, presente y futuro). Hemos sido perdonados de nuestra falta de dominio propio.

*Segundo*, el Espíritu Santo nos ha sido dado. Él produce en nosotros su fruto, y parte de ese fruto es el «dominio propio» (Gá. 5:22-24). Este libro desafía a todo hombre cristiano a ejercer dominio propio, pero este no es un llamado a meramente

---

3. John Calvin y John Pringle, *Commentaries on the Epistles of Paul the Apostle to the Corinthians* [*Comentario sobre las epístolas del apóstol Pablo a los Corintios*], vol. 1 (Bellingham, WA: Logos Bible Software, 2010), p. 311. Énfasis añadido.

«abrocharse los pantalones y trabajar». Nuestra vida depende enteramente de la obra del Espíritu Santo de Dios. Por eso, Pablo dice a los romanos: «si ustedes viven conforme a la carne, habrán de morir; pero si *por el Espíritu* hacen morir las obras de la carne, vivirán» (Ro. 8:13, énfasis añadido). Este es un llamado a vivir en dependencia del Espíritu Santo.

*Tercero*, Dios responde las oraciones de sus hijos que claman a Él «en todo tiempo, y [sin] desfallecer» (Lc. 18:1). Y esto incluye una petición de todo corazón por dominio propio. Es, en definitiva una gran noticia, ya que podemos acudir a nuestro Dios por ayuda. Jesús lo dijo claramente en Mateo 7:7-8: «Pidan, y se les dará; busquen, y hallarán; llamen, y se les abrirá. Porque todo el que pide, recibe; y el que busca, halla; y al que llama, se le abrirá». Recordemos todos los días que «la oración eficaz del justo puede lograr mucho» (Stg. 5:16). Dios, nuestro Padre soberano, nos invita con palabras dulces y asombrosas a acercarnos «con confianza al trono de la gracia para que recibamos misericordia, y hallemos gracia para la ayuda oportuna» (He. 4:16), incluso cuando reconocemos que nuestra vida ha estado fuera de control en alguna área.

Respondiendo en fe a esa invitación amorosa de Dios, comenzamos nuestro camino con esta oración de Robert Parker (1564–1614), un pastor puritano:

> Amado Dios, es tan difícil para nosotros luchar contra nosotros mismos. Es muy difícil vencer un enemigo que está tan cerca, escondido en nosotros, como lo es nuestra carne. Y, a menos que nos armes con poder divino, estamos en grave peligro de ceder ante ese enemigo traicionero. Ayúdanos a morir a nosotros mismos diariamente, te rogamos. Amén.[4]

---

4. Robert Parker, «Fighting the Daily Fight» [«Peleando la batalla diaria»], citado en Robert Elmer, ed. *Piercing Heaven: Prayers of the Puritans* [*Atravesando los cielos: Oraciones de los puritanos*] (Bellingham, WA: Lexham Press, 2019), p. 264.

Es nuestra oración que, en este libro que ha sido escrito con tanto cuidado e intencionalidad, Dios use cada principio reflejado en sus páginas para retarnos a vivir nuestra vida dependiendo de Él, aferrados a Él y buscando honrarle a Él. Cada uno de los contribuidores reconoce que hay áreas de sus vidas en las que es necesario someterse al Señor. Todos coincidimos que la falta de dominio propio es un problema latente en la humanidad, en la iglesia, en nuestros hogares, en nuestras familias y en nuestras vidas mismas. Por eso, primero establecemos el fundamento, hablando acerca de qué es el dominio propio (Daniel Puerto), de por qué debemos cultivarlo (Santiago Armel), de la posibilidad de tenerlo y cultivarlo (Heber Torres), de la necesidad de la iglesia local en el trayecto (David González), de las consecuencias de no tenerlo (Josué Pineda Dale), de qué dice la Escritura en el Antiguo (Lucas Alemán) y Nuevo Testamento (Alberto Solano), y de lo que Juan Calvino habló al respecto. En segundo lugar, hablamos de cómo el dominio propio es necesario en la práctica en diferentes áreas del caminar cristiano; a saber: el manejo del tiempo (Douglas Torres), la lengua (Adrián Sebastián Winkler), las redes sociales (Jacobis Aldana), la comida (David Puerto), la sexualidad (Ricardo Daglio), la ira pecaminosa (Aarón Halbert), y el dinero (Luis Contreras). Finalmente, hablamos de cómo es necesario cultivar el dominio propio en la iglesia local (Roberto Sánchez), en el trabajo (Rudy Ordoñez), en el hogar (John Edgar Sandoval), y en todo en la vida (Nelson Matus).

Este libro es el segundo[5] libro del ministerio de hombres de Soldados de Jesucristo: «Hombre Renovado», y es parte de una serie de libros para hombres cristianos que están en un proceso de santificación, como lo estamos todos los que contribuimos en esta obra. Damos gracias a todos los que aportaron su tiempo y esfuerzo para poner a disposición del mundo hispanohablante un

5. Véase el primer libro de Hombre Renovado: Daniel Puerto y Josué Pineda Dale, *El orgullo: La batalla permanente de todo hombre* (Grand Rapids: Editorial Portavoz, 2021).

nuevo recurso que busca ayudarnos a crecer a imagen de Cristo (Ro. 8:29). También agradecemos a Editorial Portavoz por animarnos a escribir y apoyarnos en esta faena. Tito, David y Peter: es un gozo compartir con ustedes y hacer ministerio juntos desde donde Dios nos ha colocado a cada uno. Gracias por tener este mismo deseo y pasión por ver a los hombres hispanohablantes vivir como Dios quiere que vivamos.

Finalmente, agradecemos al Señor por la amistad que nos permite no solo entre los «tres mosqueteros» (Daniel, Josué y Rudy), sino también con todos los autores. Es un gozo aprender y crecer juntos en la fe. Que nuestro Señor nos permita crecer cada vez más en santidad para su gloria.

Daniel Puerto y Josué Pineda Dale
*Editores Generales*

# 1

## ¿Qué es el dominio propio?

*DANIEL PUERTO*

Cuando Jonathan Edwards tenía 17 años, su prioridad en la vida era disertar sobre temas científicos como la refracción de la luz, la óptica, la circulación de la sangre y la atmósfera, entre otros. Llamaba a esos temas «filosofía natural». Quizás quería ganar para sí un nombre como gran científico en Europa.[1] De repente, todo cambió: «Sus escritos bíblicos llegaron a ser, por primera vez, el interés de su vida que todo lo absorbía».[2] ¿Qué cambió sus prioridades e intereses? Su conversión a Cristo. Así fue como él explicó esa experiencia:

> El primer ejemplo que recuerdo de esa clase de dulce deleite interior en Dios y en las cosas divinas, que he vivido mucho desde entonces, fue al leer esas palabras [en] 1 Timoteo 1:17: «al Rey eterno, inmortal, invisible, único Dios, *a Él sea* honor y gloria por los siglos de los siglos. Amén». Mientras leía esas palabras, llegó a mi alma, y fue como si se difundiera

---

1. Iain H. Murray, *Jonathan Edwards: A New Biography* [*Jonathan Edwards: Una nueva biografía*] (Carlisle, PA: The Banner of Truth Trust, 1987), p. 42.
2. *Ibíd.*

por ella, un sentido de la gloria del Ser divino; un sentido nuevo, muy diferente de cualquier cosa que hubiera experimentado antes. Ninguna palabra de las Escrituras me había parecido semejante a estas palabras. Pensaba para mí: «¡qué excelente es ese Ser, y qué feliz sería, si pudiera disfrutar de ese Dios, y ser arrebatado hacia Él en el Cielo; y ser, por así decirlo, absorbido en Él para siempre!».[3]

Lo expresado por Edwards es llamado regeneración (Tit. 3:5) o nuevo nacimiento (Jn. 3:3). Lo que es posible por la acción del Espíritu Santo, por medio de la cual pasas de muerte a vida espiritual (Ef. 2:1), de las tinieblas a la luz de Dios (1 P. 2:9). Este evento irrepetible y transformador, cambia tus pensamientos, metas, deseos, voluntad y afectos. Tu vida no continúa siendo la misma. Quizás no te suceda exactamente como le sucedió a Edwards —a los 17 años, mientras leía 1 Timoteo 1:17, después de recibir la influencia de sus piadosos padres y abuelos—, pero sí experimentarás un cambio. La persona que tiene un encuentro con Dios por medio de Cristo es transformada.

Como diría Solomon Stoddard, abuelo materno de Jonathan Edwards y pastor de una misma iglesia durante casi 60 años: «La conversión es el mayor cambio que experimentan los hombres en este mundo».[4] O como escribiría el mismo Edwards más adelante, la persona que es verdaderamente convertida «tiene un nuevo corazón, nuevos ojos, nuevos oídos, una nueva lengua, nuevas manos y nuevos pies [...] una nueva conversación y práctica; anda en novedad de vida, y continúa haciéndolo así hasta el final de sus días».[5]

La conversión de Edwards a Cristo se demostró en 1722. Después de considerar la ciencia como su mayor pasión y lo que consumía su tiempo y pensamientos, este joven de 17 años ahora amaba a Dios y deseaba vivir para Él. Nosotros, 300 años después,

---

3. *Ibíd.*, p. 35.
4. *Ibíd.*, p. 24.
5. *Ibíd.*

podemos ver sus compromisos personales en un documento conocido como las «Resoluciones»: 70 declaraciones que expresaban su compromiso delante de Dios para vivir para su gloria en búsqueda de la santidad personal. En este documento podemos darnos cuenta de que él quería que *toda* su vida fuera un testimonio de amor por Dios y de santidad práctica, aun a temprana edad.

En sus «Resoluciones» podemos notar que Edwards no quería que ningún área de su vida fuera dejada a sus impulsos o pasiones. Tomó decisiones acerca del uso de su tiempo (resolución #5),[6] su estudio (#11), su dieta (#20, #40), la lectura de las Escrituras (#28), sus motivaciones (#23, #24), sus relaciones con otras personas (#14), sus comentarios acerca de otras personas (#16, #31, #36), el uso del día del Señor (#38) y su relación con sus padres (#46), entre otros. Al respecto, Steven Lawson comenta lo siguiente:

> Ningún aspecto de su vida quedó sin ser examinado: la comida, la bebida, el sueño, el ejercicio, el estudio de las Escrituras, la lectura teológica, la meditación, la oración, la adoración y sus afectos. En todo esto, Edwards se informaba cuidadosa y regularmente sobre su progreso y los cambios necesarios. A través de la disciplina personal, Edwards trató de hacer que la búsqueda de la gloria de Dios fuera concreta y específica en su vida. ¿Es de extrañar, dado tan firme *dominio propio*, que Dios usara tanto a Edwards?[7]

## Los Juegos Ístmicos en Corinto

¿Estaba exagerando Edwards? ¿Estaba llevando las cosas demasiado lejos con sus resoluciones? Como veremos a continuación,

---

6. En lo sucesivo, se hará referencia a cada resolución únicamente por el símbolo de numeral (#) y el número de la resolución junto al mismo.

7. Steven J. Lawson, *The Unwavering Resolve of Jonathan Edwards* [*La inquebrantable resolución de Jonathan Edwards*] (Lake Mary, FL: Reformation Trust, 2008), p. 119. Énfasis añadido.

ese no fue el caso. Jonathan Edwards estaba en la misma línea de batalla que el apóstol Pablo:

> ¿No saben que los que corren en el estadio, todos en verdad corren, pero *solo* uno obtiene el premio? Corran de tal modo que ganen. Y todo el que compite en los juegos se abstiene de todo. Ellos *lo hacen* para recibir una corona corruptible, pero nosotros, una incorruptible. Por tanto, yo de esta manera corro, no como sin tener meta; de esta manera peleo, no como dando golpes al aire, sino que golpeo mi cuerpo y lo hago mi esclavo, no sea que habiendo predicado a otros, yo mismo sea descalificado (1 Co. 9:24-27).

La ciudad de Corinto era anfitriona de los Juegos Ístmicos, el segundo gran evento deportivo en el Imperio Romano del primer siglo (el otro evento eran los Juegos Olímpicos). Las competencias eran variadas, pero se incluían la carrera y el boxeo. El premio era una guirnalda de hojas de laurel, además de gran fama y renombre. La victoria era celebrada con odas de triunfo llamadas *epinikia*.[8] Los Juegos Ístmicos eran el mundial de fútbol o el *Super Bowl* del primer siglo. Seguramente la iglesia en Corinto estaba familiarizada con esta actividad pues opacaba el resto de las actividades de la ciudad mientras sucedía.

Quienes deseaban correr debían entrenarse a sus propias expensas durante diez meses antes de la competencia y «practicar en el gimnasio inmediatamente antes de los juegos, bajo la dirección de jueces».[9] El entrenamiento incluía una dieta estricta. Un filósofo griego de la época llamado Epicteto delineó las instrucciones para los competidores: «Debes ser ordenado, vivir bajo el régimen de raciones alimenticias; abstenerte de los dulces; procurar ejercitarte a la hora señalada, en el calor o en el frío; no beber agua

---

8. Marvin Richardson Vincent, *Word Studies in the New Testament* [*Estudios de palabras del Nuevo Testamento*], vol. 3 (New York: Charles Scribner's Sons, 1887), p. 235.

9. *Ibíd.*, p. 236.

fría ni vino a antojo».[10] Los jóvenes también se abstenían en el área sexual. Todas estas negaciones eran voluntarias con el propósito de competir con más agilidad cada minuto de la competencia. ¿Qué es lo que Pablo quiere señalar? Él usa una imagen conocida para explicar a la iglesia en Corinto que, en la vida cristiana, al igual que en las disciplinas de carrera y boxeo, el dominio propio es indispensable. Los que compiten *se abstienen de todo* (1 Co. 9:25). Si un joven quería competir en los Juegos Ístmicos, no podía vivir a su antojo, comer según su deseo del momento, dormir a la hora que quisiera, ni hacer los ejercicios solamente si tenía el ánimo para hacerlos. Antes bien, se negaba voluntariamente a ciertas cosas para lograr otras.

Esto sigue siendo así para los atletas hoy. Cristiano Ronaldo se sumerge en una tina con hielo después de un partido de fútbol (¡no importa si es en horas de la madrugada!).[11] Lionel Messi sufrió durante un tiempo de su carrera porque vomitaba antes, durante o después de los juegos. Buscó ayuda con un médico italiano que le indicó cambiar su dieta: eliminar harinas, levaduras, trigo refinado, gaseosas, alcohol, entre otras cosas (en mi opinión, lo peor fue eliminar los alfajores).[12] El «Canelo» Álvarez, boxeador mexicano, se despierta antes de que salga el sol para comenzar con su rutina de ejercicios, y pasa gran parte de las horas de la tarde entrenándose hasta el agotamiento.[13] LeBron James

---

10. *Ibíd.*

11. Unai Pérez de Arriluca, «¿Por qué los atletas toman baños de hielo? Respuesta de un entrenador profesional», *VITRUVE*, visitado el 17 de enero de 2022, disponible en https://vitruve.fit/es/blog/por-que-los-atletas-toman-banos-de-hielo-respuesta-de-un-entrenador-profesional/.

12. La Nación, «Flores de Bach: el secreto de Messi para tener un físico privilegiado a lo[s] 33», *La Nación*, visitado el 17 de enero de 2022, disponible en: https://www.lanacion.com.ar/deportes/los-vomitos-de-lionel-messi-el-doctor-que-lo-curo-revelo-como-fue-el-tratamiento-y-la-importancia-de-nid21032021/.

13. Guillermina Carro, «La rutina de entrenamiento de Saúl "Canelo" Álvarez, el deportista mejor pagado del mundo», *Revista GQ*, visitado el 17 de enero de 2022, disponible en: https://www.revistagq.com/cuidados/running-y-fitness/articulos/entrenamiento-rutina-ejercicio-canelo-alvarez-boxeo/31324.

gasta un millón y medio de dólares para mantener su cuerpo en plena forma durante los meses de descanso de la *NBA*, la liga profesional de baloncesto en los EE. UU. Ese dinero cubre la crioterapia, cámaras hiperbáricas y otras tecnologías.[14] Competir al más alto nivel requiere esfuerzo y sacrificio. Sin sacrificio y dominio propio no hay victoria ni éxito en el deporte. Tampoco en la vida cristiana o en el ministerio. El pastor John MacArthur nos ayuda a ver la conexión que Pablo hace entre los atletas que competían en los Juegos Ístmicos y la vida cristiana:

> Si un atleta quiere triunfar tiene que limitar voluntariamente, y a menudo severamente, su libertad. Su sueño, dieta y ejercicios no están determinados por sus derechos o por sus sentimientos, sino por las exigencias de su entrenamiento [...]. La disciplina y dominio propio de los atletas es una represión para los cristianos a medias y fuera de forma que no hacen nada para prepararse a sí mismos con el fin de dar testimonio a los perdidos, y en consecuencia rara vez lo hacen.[15]

Jonathan Edwards no estaba exagerando con sus resoluciones. Según la Escritura, no estaba siendo extremista. Pablo, al decir que hace que su cuerpo sea su «esclavo» (1 Co. 9:27), provee una imagen del «vencedor que conduce al vencido como cautivo y

---

14. Darren Heitner, «The $1.5 Million Expended By LeBron James Every Offseason Is Money Well Spent» [«Los $1.5 millones gastados por LeBron James cada vez que está fuera de temporada es dinero bien gastado»], *Forbes Magazine* [*Revista Forbes*], visitado el 17 de enero de 2022, disponible en: https://www.forbes.com/sites/darrenheitner/2018/05/20/the-1-5-million-expended-by-lebron-james-every-offseason-is-money-well-spent/?sh=7c3506ec3bc7. El punto que subrayo es que, aún cuando no hay competencias, él continúa entrenándose e invirtiendo para competir al máximo nivel.
15. John MacArthur, *1 y 2 Corintios*, traducido por Daniel Andrés Díaz Pachón, vol. 1, Comentario MacArthur del Nuevo Testamento (Grand Rapids: Editorial Portavoz, 2015), p. 254.

esclavo».[16] El apóstol deja claro que no era esclavo de su cuerpo, complaciéndolo en cada deseo. Su cuerpo era su esclavo; estaba bajo control. Esto es lo que Dios quiere de nosotros.

Por supuesto, no demonizamos la comida, ni la bebida, ni los placeres físicos que Dios ha creado para que los disfrutemos. No me tomen a mal. Solo los falsos maestros prohíben el matrimonio y el consumo de ciertos alimentos (1 Ti. 4:1-3). «Todo lo creado por Dios es bueno y nada se debe rechazar si se recibe con acción de gracias; porque es santificado mediante la palabra de Dios y la oración» (1 Ti. 4:4-5). El punto aquí no es hacer una lista de comidas y actividades prohibidas. Más bien, el énfasis recae en la necesidad del dominio propio para la vida cristiana y el ministerio. En otras palabras, «Pablo está instando a todos los creyentes a correr como el atleta bien entrenado que ejercita el autocontrol[17] [dominio propio] en todas las cosas con el fin de lograr un objetivo mayor».[18] Pablo dijo a los corintios en otro contexto: «Todas las cosas me son lícitas, pero no todas son de provecho. Todas las cosas me son lícitas, pero yo no me dejaré dominar por ninguna» (1 Co. 6:12).

## Definición

Habiendo entendido la importancia del dominio propio en la vida del cristiano, es importante pasar a definirlo con claridad. En el Antiguo Testamento, una de las palabras que se usan para referirse al dominio propio es «מַעְצָר (mă‘ṣār)».[19] Por ejemplo,

---

16. A.T. Robertson, *Word Pictures in the New Testament* [*Imágenes verbales en el Nuevo Testamento*] (Nashville, TN: Broadman Press, 1933), 1 Corintios 9:27.

17. Autocontrol y dominio propio se usarán como sinónimos a lo largo del libro.

18. Mark Taylor, *1 Corintios*, editado por E. Ray Clendenen, vol. 7, Nuevo Comentario Americano del Nuevo Testamento (Bellingham, WA: Editorial Tesoro Bíblico, 2021), 1 Corintios 9:24-27.

19. James Swanson, *Dictionary of Biblical Languages with Semantic Domains: Hebrew (Old Testament)* [*Diccionario de idiomas bíblicos con dominios semánticos: Hebreo (Antiguo Testamento)*] (Oak Harbor, WA: Logos Research Systems, Inc., 1997), «מַעְצָר».

en Proverbios 25:28 leemos: «*Como* ciudad invadida y sin murallas es el hombre que no *domina* [*mă 'ṣār*] su espíritu» (énfasis añadido[20] en *domina*). Esta palabra se refiere a «restricción, templanza, moderación, es decir, lo que es un obstáculo o inhibidor para la realización de un acto [...] el ejercicio del control sobre los deseos y las acciones del yo».[21] Pudiéramos decir que esta palabra nos da la imagen de un «freno» sin el cual un hombre es «como ciudad invadida y sin murallas».

En los días de Salomón, la característica más importante de una ciudad era su muralla, la cual brindaba protección, defensa, estabilidad, paz y seguridad. Sin una muralla, la ciudad estaba expuesta a toda clase de peligros,[22] como lo fue en el caso de Jericó: sus murallas cayeron y toda la ciudad fue destruida (Jos. 6). La enseñanza de este proverbio es clara: un hombre sin dominio propio es necio porque queda indefenso, expuesto a toda clase de peligros. Matthew Henry dice: «Todo lo que es bueno se va y lo abandona; todo lo que es malo irrumpe en él».[23] El dominio propio *es defensa propia*.[24]

---

20. En lo sucesivo —y en todo el libro—, en caso de que se encuentre palabras en cursiva (también conocida como «bastardilla») en citas de la NBLA y que no se indique un énfasis añadido implica que son tomadas tal como aparecen en dicha versión. Esta traducción de la Biblia «usa bastardilla en el texto para indicar palabras que no aparecen en los idiomas originales hebreo, arameo o griego pero que están lógicamente implícitas». Lockman, «Nueva Biblia de las Américas (NBLA)», *BibleGateway*, visitado el 15 de marzo de 2022, disponible en: https://www.biblegateway.com/versions/Nueva-Biblia-de-las-Am%C3%A9ricas-NBLA/.

21. Swanson, *Dictionary of Biblical Languages with Semantic Domains: Hebrew (Old Testament)* [*Diccionario de idiomas bíblicos con dominios semánticos: Hebreo (Antiguo Testamento)*], «מַעְצָר».

22. Bruce K. Waltke, *The Book of Proverbs* [*El libro de Proverbios*], *Chapters 15-31* [*capítulos 15-31*], The New International Commentary on the Old Testament [El nuevo comentario internacional del Antiguo Testamento] (Grand Rapids: Eerdmans Publishing Co., 2005), p. 344.

23. Matthew Henry, *Matthew Henry's Commentary on the Whole Bible* [*Comentario de Matthew Henry de toda la Biblia*] (Peabody, MA: Hendrickson, 1994), p. 1013.

24. Paul E. Koptak, *Proverbs* [*Proverbios*], The NIV Application Commentary [El Comentario de Aplicación NVI] (Grand Rapids: Zondervan, 2003), p. 582.

En la Biblia tenemos varios ejemplos de personas que eran «como ciudad invadida y sin murallas». En Génesis 49:4, Israel está hablando a sus hijos antes de morir y dice de Rubén: «*Incontrolable* como el agua, no tendrás preeminencia, porque subiste a la cama de tu padre» (énfasis añadido). Rubén no tuvo dominio propio en su sexualidad. Pero él fue rebasado por Salomón, quien escribió: «de todo cuanto mis ojos deseaban, nada les negué, ni privé a mi corazón de ningún placer» (Ec. 2:10). Esas palabras son el antónimo absoluto del dominio propio. Salomón no hizo ningún juicio moral acerca de sus deseos, solo los complació. Comida, bebida, sexo, dinero, estudios, construcciones, proyectos... él hizo todo lo que quiso.

En el Nuevo Testamento, una de las palabras que se usan para referirse al dominio propio es «ἐγκράτεια (*egkrateia*)».[25] Se usa, por ejemplo, en Gálatas 5:23, donde leemos que el «dominio propio» es un aspecto del fruto del Espíritu Santo, así como en 2 Pedro 1:6 donde se nos manda añadir «al conocimiento, dominio propio». Esta palabra y sus cognados[26] derivan «su sentido de la raíz κρατ- [*krat-*] que denota poder o señorío. Así [...] ἐγκράτεια [*enkrateia*] significa "dominio sobre el yo o sobre algo", con los matices de "firmeza" y "templanza"».[27]

---

25. James Swanson, *Dictionary of Biblical Languages with Semantic Domains: Greek (New Testament)* [*Diccionario de idiomas bíblicos con dominios semánticos: Griego (Nuevo Testamento)*] (Oak Harbor, WA: Logos Research Systems, Inc., 1997), «ἐγκράτεια».

26. Cognado quiere decir que una palabra está «emparentad[a] morfológicamente» con otra. Real Academia Española, «Cognado», *Diccionario de la lengua*, 23.ª ed., [versión 23.5 en línea], visitado el 16 de marzo de 2022, disponible en: https://dle.rae.es/cognado?m=form. Morfología tiene que ver con la «parte de la gramática que estudia la estructura de las palabras y de sus elementos constitutivos». Real Academia Española, «Morfología», *Diccionario de la lengua española*, 23.ª ed., [versión 23.5 en línea], visitado el 16 de marzo de 2022, disponible en: https://dle.rae.es/morfolog%C3%ADa?m=form. En otras palabras, cuando una palabra es cognada de otra quiere decir que dichas palabras están relacionadas en su estructura y origen o constitución.

27. Gerhard Kittel, Gerhard Friedrich, y Geoffrey W. Bromiley, *Compendio del diccionario teológico del Nuevo Testamento* (Grand Rapids: Libros Desafío, 2002), p. 196.

Considerando toda la enseñanza bíblica acerca del tema, Alistair Begg nos da la siguiente definición:

> El dominio propio es la habilidad empoderada por el Espíritu Santo y guiada por la Palabra de evitar excesos y mantenerse en los límites dados por Dios, de manera que obedezcamos las Escrituras y cultivemos la aptitud de vivir considerada y cuidadosamente haciendo lo correcto a pesar de nuestros deseos.[28]

El cristiano evita excesos a pesar de sus deseos. Debe autolimitarse; no excederse. El llamado de Jesús a seguirlo incluye el concepto de negación: «Si alguien quiere seguirme, *niéguese a sí mismo*, tome su cruz cada día y sígame» (Lc. 9:23, énfasis añadido). John Piper escribe: «Cada día nuestro "yo" produce deseos que deben ser "negados" o "controlados"».[29] El llamado de Jesús es a una vida donde sus deseos tienen prominencia sobre nuestros deseos, donde la autocomplacencia no funciona como regla suprema de vida. Pablo dijo que Cristo murió «para que los que viven, *ya no vivan para sí*, sino para Aquel que murió y resucitó por ellos» (2 Co. 5:15, énfasis añadido).

## Nuestros tiempos

El eslogan de la compañía de ropa deportiva *Nike*, «Just Do It» [«Solo hazlo»], resume el estilo de vida de muchos. El dominio propio no es popular, no importa si hablamos de compras, redes sociales, ejercicios, comida, sexualidad, teléfonos inteligentes, apuestas, drogas o nuestra manera de hablar. A veces, ser

---

28. Alistair Begg, «Self-Control» [«Dominio propio»], *Truth For Life* [*Verdad para la Vida*], visitado el 17 de enero de 2022, disponible en: https://www .truthforlife.org/resources/sermon/self-control-galatians/.

29. John Piper, «The Fierce Fruit of Self-Control» [«El fruto feroz del dominio propio»], *Desiring God* [*Deseando a Dios*], visitado el 17 de enero de 2022, disponible en: https://www.desiringgod.org/articles/the-fierce-fruit -of-self-control.

«genuino» y «transparente» puede ser traducido así: «vive como dicten tus sentimientos, deseos e impulsos». El concepto de morir a nosotros mismos, de decir «¡no!» a nuestros deseos y vivir bajo el control de Alguien más (Dios) no es la tendencia del momento. Pero los creyentes somos llamados a andar «en novedad de vida» (Ro. 6:4).

El apóstol Pablo sabía lo importante que es tener dominio propio, así que lo menciona varias veces en la carta que escribió a Tito, quien estaba sirviendo a las iglesias de Creta. Las personas en esa isla tenían cierta mala fama: «Los cretenses son siempre mentirosos, malas bestias, glotones ociosos» (Tit. 1:12). Tal parecía que los habitantes ahí no valoraban el dominio propio o cualquier cosa que se le pareciera. Y los creyentes de las iglesias que lideraba Tito tenían ese trasfondo. Por eso Pablo hace hincapié en el dominio propio en el capítulo dos:

- Cada pastor sirviendo en una iglesia local debe ser «dueño de sí mismo» (Tit. 1:8).[30]
- Los hombres mayores en edad «deben ser sobrios [...] prudentes» (Tit. 2:2).[31]
- Las mujeres mayores en edad no deben ser «esclavas de mucho vino» (Tit. 2:3).[32]

---

30. La palabra usada aquí es «ἐγκρατῆ (*egkratē*)», cognado de la palabra «ἐγκράτεια (*egkrateia*)» que discutimos anteriormente.

31. El adjetivo «sobrio» es la traducción de la forma léxica «νηφάλιος (*nēphalios*)», la cual se refiere a alguien moderado, es decir, que ejerce control sobre sí mismo. Moisés Silva, ed., *New International Dictionary of New Testament Theology and Exegesis* [*Nuevo diccionario internacional del Nuevo Testamento y exégesis*] (Grand Rapids: Zondervan, 2014), p. 389. El adjetivo «prudente» es la traducción de «σώφρων (*sōphrōn*)» que implica dominarse a uno mismo o, en otras palabras, ser «autocontrolado». *Ibíd.*, p. 443.

32. Lo cual implica dominio propio: las mujeres no deben dejarse esclavizar de ninguna sustancia alcohólica. Ellas deben gobernar sus deseos. Lógicamente, esto aplica también a todos, pero el apóstol está tratando de hablar a cada uno. En el mandato de Tito 2:2, como vimos antes, se habla claramente a los hombres acerca de la necesidad de ser sobrios.

- Las mujeres mayores en edad deben enseñar a las jóvenes «a que sean prudentes» (Tit. 2:4-5).[33]
- Los jóvenes deben ser exhortados a ser «prudentes» (Tit. 2:6).[34]

El dominio propio permea toda la carta a Tito. Pero Pablo va mucho más allá. No afirma solamente: «di no a tus deseos». Si Pablo se quedara ahí, no estaría hablando como cristiano, estaría hablando como cualquier filósofo griego de antaño (Platón y Aristóteles desarrollaron el tema del dominio propio en sus escritos como una virtud a cultivar) o como un padre desesperado diciéndole a su hijo que deje cierto comportamiento. «*Solo* contrólate» no es un mandato evangélico, y Pablo lo sabe. Por eso continúa esa sección de la carta con las siguientes palabras:

> Porque la gracia de Dios se ha manifestado, trayendo salvación a todos los hombres, enseñándonos, que negando la impiedad y los deseos mundanos, vivamos en este mundo sobria, justa y piadosamente, aguardando la esperanza bienaventurada y la manifestación de la gloria de nuestro gran Dios y Salvador Cristo Jesús. Él se dio por nosotros, para REDIMIRNOS DE TODA INIQUIDAD y PURIFICAR PARA SÍ UN PUEBLO PARA POSESIÓN SUYA, celoso de buenas obras (Tit. 2:11-14).

En estos versículos encontramos al menos tres motivaciones para ejercer el dominio propio: la gracia de Dios, la esperanza de la venida de Cristo y una contemplación del sacrificio de Jesús. El consejero bíblico Dr. Edward Welch dice lo siguiente: «Las Escrituras nunca esperan que escuchemos los mandatos de Dios

---

33. El adjetivo «prudentes» es la traducción de «σώφρων (*sōphrōn*)», la misma palabra usada en Tito 2:2 en referencia a los hombres mayores en edad.
34. *Ibíd.*

para nosotros aislados de la contemplación seria de la obra de Dios por nosotros en Cristo».[35]

Con base en lo anterior, veamos la primera motivación para ejercer el dominio propio. *La gracia de Dios* (Tit. 2:11-12) nos garantiza el perdón de Dios y su poder en esta batalla (1 Jn. 1:9). La gracia de Dios nos garantiza que el Padre nos recibirá cada vez que no ejerzamos el dominio propio y vengamos a Él confesando nuestro pecado (1 Jn. 2:1-2). La gracia de Dios nos enseña que el dominio propio se aprende en el proceso de la vida cristiana, lo cual implica prueba y error (1 Jn. 2:12-14). La gracia de Dios abrió nuestros ojos para que podamos ver que Cristo es mejor que cualquier pecado y cualquier autocomplacencia pecaminosa (2 Co. 4:3-6). La gracia de Dios nos enseña a tener amor por otros cuando ellos no ejercen dominio propio en sus vidas. La gracia de Dios nos enseña a ser pacientes con otros porque Dios ha sido paciente con nosotros. La gracia de Dios nos libra del legalismo y del antinomianismo.[36]

*En segundo lugar, la Segunda Venida de Cristo* (Tit. 2:13) nos recuerda que la batalla contra el pecado tiene fecha de vencimiento. Esta lucha no durará para siempre (1 Jn. 3:2). El regreso de Jesús nos recuerda que un día nuestro Salvador recompensará a quienes se negaron a sí mismos y vivieron para su gloria

---

35. Edward Welch, «Self-Control: The Battle Against "One More"» [«Dominio propio: La batalla contra "uno más"»], *The Journal of Biblical Counseling*, vol. 19, no. 2, (Glenside, PA: The Christian Counseling and Education Foundation, 2001), p. 29. Me baso en este excelente artículo para desarrollar los próximos dos párrafos.

36. El antinomianismo es lo contrario del legalismo. Ninguno de los dos se basa en la Escritura. El antinomianismo, conocido también como antinomismo, niega «que la santificación es el fruto necesario de la justificación [...] Mientras que el legalismo socava el evangelio, insistiendo en que debemos añadir nuestra obediencia a la obra de Cristo con el fin de ser justificado, el antinomianismo pervierte el evangelio restando eficacia a la obra de Cristo, negando que quienes reciben a Cristo como Salvador deben también someterse a Él como Señor». John MacArthur y Richard Mayhue, eds., *Teología sistemática: Un estudio profundo de la doctrina bíblica* (Grand Rapids: Portavoz, 2018), pp. 635-636.

(Gá. 6:9). También nos anima al saber que cualquier sacrificio que hagamos para Cristo no es en vano (1 Co. 15:58). *Por último, la obra de Cristo en la cruz* (Tit. 2:14) por nosotros nos garantiza el perdón de Dios por cada vez que hemos dicho «sí» a nuestros deseos pecaminosos (Col. 2:13-14). Esa obra también nos garantiza un nuevo corazón, una nueva naturaleza, una nueva orientación de vida, nuevos deseos, nuevos afectos y amor por Cristo (2 Co. 5:17). Esa obra perfecta de Jesús también garantiza la presencia y poder del Espíritu Santo en la vida de cada creyente (Ro. 8:11-13). La obra de Cristo nos ha hecho parte de un pueblo, la Iglesia, en medio de la cual recibimos acompañamiento, ayuda y apoyo de otros cristianos para ejercer el dominio propio (He. 10:23-25).

## Conclusión

En este libro queremos invitarte a la línea de batalla junto con el apóstol Pablo y Jonathan Edwards. No es exagerado negarte a ti mismo y seguir a Jesús. Ese es el llamado a todo aquel que le siga. Vive como hombre renovado,[37] ejerciendo el dominio propio en cada área de tu vida en el poder del Espíritu Santo, para la gloria de Dios y para tu gozo.

---

37. Para conocer más acerca de Hombre Renovado, de Soldados de Jesucristo, visita nuestra página web en donde encontrarás recursos para los hombres como tú y yo que estamos buscando ser más como Jesús: https://somossoldados .org/category/hombre-renovado/.

# 2

## ¿Por qué debes cultivar el dominio propio?

*SANTIAGO ARMEL*

Como vimos en el capítulo anterior, el dominio propio es gobernar sobre uno mismo: dominio sobre nuestras emociones, pensamientos y acciones. El Padre llama al hombre cristiano a controlar el timón de su vida, bajo la dirección del Espíritu Santo, con la finalidad de llegar a ser como Jesucristo. Por supuesto, esta virtud cristiana es más fácil definirla que practicarla.

Todo hombre cristiano debe cultivar una vida de dominio propio. Es una lucha continua, y lo cierto es que hacemos las cosas mejor cuando estamos motivados. Por eso mi objetivo en este capítulo es animarte a tener una vida de dominio propio, a tomar el timón del barco. Es importante aclarar que no escribo estas líneas como alguien que pretende haberlo alcanzado ya. Más bien, yo mismo soy exhortado continuamente a crecer en esta área que tanto nos cuesta a los hombres. Oro que este capítulo —y todo lo que se aborda en este libro— sirva de combustible para movernos hacia una vida de madurez cristiana, manteniendo el motor en marcha y llevándonos a la acción.

La vida cristiana fructífera carece de posiciones estáticas y cómodas. El cristiano debe crecer hacia la madurez, o inevitablemente estará retrocediendo. No existe un cristiano vigoroso que en el pasado luchó ardientemente por la fe y al que sus triunfos de antaño lo sostienen en la actualidad. La Biblia habla de andar en el Espíritu o andar en la carne (Gá. 5:16). No hay punto medio. La pasión por Jesucristo debe estar aumentando; si no es así, te estás enfriando.

En este momento de tu vida, mientras lees estas páginas, puedes hacer un buen diagnóstico: un autoexamen. Te aseguro algo: no has estado estático. Ya no posees el estado espiritual de la semana pasada. Esta semana has crecido en el Espíritu o tu carne ha tomado ventaja sobre ti. En los últimos días tus sentidos se han expuesto a «todo lo puro, todo lo amable, todo lo honorable» (Fil. 4:8) o tus ojos y oídos han visto y escuchado cosas que no edifican. En las últimas horas la «palabra de Cristo» ha morado «en abundancia en» tu vida (Col. 3:16) y tienes un corazón rebosando de gozo y paz (Fil. 4:4-7), o has abandonado tu comunión con Jesucristo, contristando al Espíritu Santo, y haciendo de la queja y el afán tu pan de cada día.

Ciertamente, algo hace la diferencia entre aquel que avanza hacia la madurez y el que va en retroceso. Entonces, ¿cuál es la fórmula del éxito en la vida cristiana? Podríamos pensar en múltiples respuestas, comenzando por la gracia de Dios que obra en nosotros el querer como el hacer (Fil. 2:13). Sin embargo, si tuviera que destacar un elemento sobre los demás —sin lugar a duda— sería el dominio propio. A continuación, consideraremos cuatro razones por las que debemos cultivar activamente esta virtud cristiana.

### Es un mandato de Dios

En 1 Pedro 5:8, Dios demanda que con toda diligencia tengamos dominio propio. Esto debería bastar, ¿no? De hecho, podríamos terminar el capítulo aquí. Cuando Dios habla, termina todo argumento. Ciertamente, este debe ser el punto de partida de por qué debemos crecer en el control de nuestras propias vidas. Sin embargo, es oportuno que meditemos también en por qué Dios demanda que tengamos dominio propio. Dios nos ha puesto como mayordomos de este planeta (Gn. 1:28), fuimos creados a su semejanza (Gn. 1:26) y somos portadores de su imagen (Gn. 1:27). Esto es verdad. Aun si los evolucionistas afirman lo contrario, no somos el producto de la evolución de bestias salvajes.[1] Los animales actúan por impulsos; son gobernados por los instintos y el deseo natural que poseen. No así el ser humano, a quien se le ha dado la capacidad de razonar y dominar sus pasiones. Por supuesto, después de la Caída, el hombre es cada vez más incapaz de controlar sus deseos naturales, y es un esclavo del pecado que lo quiere gobernar (Ro. 6:17-19). Ahora bien, parte de la regeneración que Jesucristo inicia al salvarnos es la capacidad de luchar contra los deseos de la carne y dominarnos a nosotros mismos. Él es quien nos capacita para hacerlo. No somos bestias salvajes sin control.[2] Somos sus representantes aquí en la tierra;[3] somos portadores de su imagen y semejanza. Además, como hombres estamos llamados a ejecutar de manera particular su gobierno en la sociedad, la familia y la iglesia (Is. 3:12; Ef. 5:23; 1 Ti. 2:12). Para ello necesitamos dominio propio.

Una forma de imitar a Dios y representarlo es por medio de un carácter autorregulado, teniendo dominio propio (2 Ti. 1:7). No somos impasibles como Él;[4] no obstante, ¡cuánta necesidad

---

1. Para una defensa bíblica en contra del evolucionismo véase John MacArthur, *La batalla por el comienzo* (Grand Rapids: Editorial Portavoz, 2003).

2. Owen Strachan, *Reembelleciendo a la humanidad* (Lima, Perú: Editorial Teología para Vivir, 2020), p. 14.

3. Michael Vlach, *Él reinará por siempre: Una teología bíblica del reino de Dios* (Salem, OR: Publicaciones Kerigma, 2020), p. 55.

4. La impasibilidad es un atributo divino por el cual Dios es inafectado por realidades exteriores a Él mismo. Dios es inamovible por decisiones, acciones, sufrimiento o cualquier otro elemento humano. Gregg Allison, «Impassibility» [«Impasibilidad»], *The Baker Compact Dictionary of Theological Terms* [*El diccionario compacto Baker de términos teológicos*] (Grand Rapids: Baker Books, 2016), p. 110; C. Stephen Evans, *Pocket Dictionary of Apologetics & Philosophy of Religion* [*Diccionario de bolsillo de apologética y filosofía de la religión*] (Downers Grove,

de hombres estables tienen nuestros países, nuestros hogares y nuestras iglesias, que no sean movidos como olas del mar por las emociones o la tendencia del momento! (Stg. 1:6-8). Urge la presencia de verdaderos hombres que sepan refrenar su mente y sus ojos cuando se están desviando (Pr. 23:7), que sean capaces de controlar su lengua cuando son agredidos (Ef. 4:29; Stg. 3:7-10). Necesitamos hombres renovados que fiscalicen sus pasiones más agudas (Stg. 4:7) cuando estas van en contra de Cristo.

Un hombre que no se domina a sí mismo —que no pone a raya sus impulsos—, siempre será un hombre débil, inmaduro, vulnerable y, por lo tanto, un mal representante de Dios. Un hombre sin dominio propio no puede ser un hombre de Dios. La obediencia a nuestro Creador debe ser el punto de partida. Esta debe ser la motivación principal de todo esfuerzo por dominarnos a nosotros mismos. Debemos poner nuestros cuerpos en servidumbre y someterlos a nuestro Amo celestial (1 Co. 9:27).

## Es un don de Dios

La capacidad de gobernar nuestra carne es un regalo de Dios para los cristianos (2 Ti. 1:7; Gá. 5:22-23). Es un don otorgado por Él. Por eso el hombre natural no puede tener verdadero dominio propio (Ef. 2:1; 1 Co. 2:14), al menos el tipo de dominio propio que es santo, otorgado por Dios. Ejercer dominio propio tiene que ver con dejarse guiar y gobernar por el Espíritu Santo de Dios. En otras palabras, aquel que tiene dominio propio realmente es como un barco que abre sus velas y se deja impulsar por el viento del Espíritu.[5]

---

IL: InterVarsity Press, 2002), p. 59. Esto no quiere decir que Dios no tenga la capacidad y deseo de interactuar realmente en la vida de su creación, sin embargo, su aseidad le permite gobernar soberanamente sin ser mediado o manipulado. Aseidad, por su parte, implica «que Dios no depende de nada aparte de sí mismo para su existencia». John S. Feinberg, *No One Like Him: The Doctrine of God [Nadie como Él: La doctrina de Dios]*, The Foundations of Evangelical Theology [Fundamentos de la teología evangélica] (Wheaton, IL: Crossway Books, 2001), p. 239.

5. John MacArthur, *Lecciones prácticas de la vida* (Barcelona: Editorial Clie, 2018), p. 67.

En la doctrina de la santificación, algunos han llamado a esto un proceso sinergista y no monergista[6] (Fil. 2:12-13). En el monergismo opera solo uno (como en la salvación), pero en el sinergismo dos están operando para el alcance de un objetivo. En nuestra santificación, Dios está obrando poderosamente a nuestro favor; pero al mismo tiempo —aunque con una energía menor y capacitada por Él— nosotros también nos esforzamos en pro del crecimiento espiritual.[7] Es importante entender esto porque el incrédulo no puede luchar contra sus pecados ni darle gloria a Dios.[8] En cambio, el cristiano ha recibido de parte de Dios toda bendición espiritual (Ef. 1:3) y está equipado para ejecutar toda buena obra (2 Ti. 3:16-17).

---

6. Tradicionalmente, «el monergismo ("[solo] uno trabajando") sostiene que Dios salva a los pecadores sin la ayuda de ellos, mientras que el sinergismo ("trabajando juntos") enseña que la salvación depende de nuestra cooperación. En todas sus variedades, el sinergismo enseña que la gracia de Dios hace que todo sea posible, pero nuestra respuesta hace que todo sea real. Sin embargo, el monergismo enseña que la gracia de Dios lo logra todo, incluso concediéndonos el arrepentimiento y la fe». Toby Kurth y Michael Horton, *Pilgrim Theology* [*Teología peregrina*] *(Study and Discussion Guide)* [*Guía de estudio y discusión*] (Grand Rapids: Zondervan, 2013), p. 45. Lógicamente, aunque las definiciones anteriores están expuestas en términos salvíficos, también pueden usarse para hablar acerca de la santificación.

7. Cabe aclarar que aun los mejores esfuerzos humanos en nuestra santificación son capacitados y predestinados por Dios (Ef. 2.10). Pero el hecho de que la santificación en primer lugar es una obra interna del Espíritu Santo en la vida del cristiano, no elimina la responsabilidad que el creyente tiene de producir fruto espiritual. La ilustración del agricultor es útil: Ningún ser humano por inteligente que sea podrá hacer que una semilla brote y dé fruto; este es un acto de Dios que permite salir el sol y nutrir la tierra con el agua. Sin embargo, sería necio el agricultor que no se levanta y siembra la semilla a tiempo. Dios permite el nacimiento de fruto abundante por medio del trabajo diligente del agricultor. Para ver más acerca de la doctrina de la santificación, véase John MacArthur y Richard Mayhue, *Teología sistemática* (Grand Rapids: Editorial Portavoz, 2018), p. 654.

8. Para ver una exposición detallada de la perspectiva reformada clásica acerca de la depravación total del hombre y su incapacidad natural para hacer el bien, véase Herman Bavinck, *Reformed Dogmatics: Sin and Salvation in Christ*, vol. 3 [*Dogmática reformada: El pecado y la salvación en Cristo*, vol. 3] (Grand Rapids: Baker Academic, 2003), pp. 119-125.

El dominio propio es una herramienta que Dios ya ha dado a sus hijos (2 Ti. 1:7). Lo que debemos hacer es usarla por medio de la fe, tomando el timón de cada área de nuestra vida, haciendo girar el barco hacia la voluntad de Dios y pidiendo que Él sople con su fuerza para permitirnos navegar hacia su destino. Dios no espera de nosotros una santificación pasiva o contemplativa, como aquel que espera ser transformado sin esfuerzo. Debemos trabajar duro. El proceso de nuestra santificación demanda vigilancia personal recordando que hemos recibido de su mano la capacidad para lograrlo.

## Concierne a los sabios

Es de sabios tener dominio propio. Dicho de otra manera: debemos cultivar dominio propio porque los necios, o tontos, no lo practican. La palabra tonto suena fuerte, pero es realmente lo que significa ser un necio, alguien que se opone a la sabiduría divina.[9] De hecho, una de las palabras que se traduce como necio en Proverbios tiene que ver con «estupidez y necedad», mostrando que un hombre sin control «no conoce freno alguno» (Pr. 20:3; 12:16).[10] Si no quieres que te consideren un necio, entonces este punto puede motivarte a buscar cultivar el dominio propio.

Un hombre que no ejercita esta virtud actúa como un necio. El necio es caracterizado en la Biblia como aquel que no cree en Dios (Sal. 53:1), que aborrece el conocimiento de su Creador

---

9. De hecho, según la Real Academia Española, *necio* y *tonto* tienen significados muy parecidos. Uno de los significados de *necio* es alguien «falto de inteligencia o de razón». Real Academia Española, «Necio», *Diccionario de la lengua española*, 23.ª ed., [versión 23.5 en línea], visitado el 20 de marzo de 2022, disponible en: https://dle.rae.es/necio?m=form. Uno de los significados de *tonto* es una persona «Falta o escasa de entendimiento o de razón». Real Academia Española, «Tonto», *Diccionario de la lengua española*, 23.ª ed., [versión 23.5 en línea], visitado el 16 de marzo de 2022, disponible en: https://dle.rae .es/tonto?m=form.

10. Derek Kidner, *Proverbs: An Introduction and Commentary* [*Proverbios: Una introducción y comentario*], vol. 17, Tyndale Old Testament Commentaries [Comentarios Tyndale del Antiguo Testamento] (Downers Grove, IL: InterVarsity Press, 1964), p. 38.

(Jer. 4:22). También es necia la persona que repite los mismos errores una y otra vez (Pr. 20:11), que habla tonterías y mentiras (Pr. 10:18; 18:6-7), que se burla de la rectitud moral (Pr. 14:9) y al que le encanta buscar pleitos y dejar ver su ira fácilmente (Pr. 20:3; 29:11). Como si el cuadro del necio no fuera suficiente, aún hay algo más que lo caracteriza: es perezoso (Pr. 13:4; 21:25). La pereza es uno de los peores obstáculos para el hombre de Dios. Solemos ser perezosos, cediendo el control y dejándonos llevar. Esto puede observarse en diferentes facetas de la vida: en el trabajo para proveer los recursos que la familia necesita, en lo espiritual para alimentarse y alimentar a su familia con la Palabra de Dios, en lo ministerial donde no se asume ninguna responsabilidad de servicio con la iglesia local. Pero existe un antídoto contra la pereza: el dominio propio. El necio se dejará llevar por sus pasiones y deseos. Cederá fácilmente el control. El sabio ejercerá control; trabajará fuerte en no dejarse dominar. Como hombres renovados por Dios debemos tomar las riendas de nuestra propia vida, organizar bien el tiempo, enfocarnos en las prioridades correctas y traer gloria a Dios por medio de una vida madura y digna de imitar (1 Co. 11:1).

## Es la manera de ser más como Jesús

Así como cuando un barco avanza firmemente, dirigiéndose a un puerto seguro, sucede también con el cristiano: su puerto es Jesucristo. Queremos ser como Él y llegar hacia Él. Un día queremos verlo y ser transformados y perfeccionados a su imagen (1 Co. 15:52; 2 Co. 3:18). Mientras llegamos a puerto, el apóstol Pedro nos enseña que la manera en que un cristiano puede crecer en conocer mejor a Jesús e imitarle es por medio de la fe (2 P. 1:5-8). Pero Pedro declara que a esa fe se le deben añadir otras virtudes como el conocimiento, la perseverancia, la fraternidad, el amor y el dominio propio. La fe verdadera debe ser manifestada en una vida de esfuerzo progresivo que busca parecerse a Cristo. Entonces, ningún creyente podrá avanzar en este propósito a menos que ejercite el control de su vida.

Es común escuchar historias de grandes atletas que han llegado a lo más elevado del deporte mundial. Comúnmente su deseo de entrar en el deporte surgió de la admiración por un atleta destacado que observaron en su niñez. La madurez cristiana sucede de manera similar; somos como pequeños jovencitos queriendo imitar al gladiador más grande de todas las épocas: nuestro poderoso Señor Jesucristo (1 P. 2:21). Él es «el autor y consumador de la fe» (He. 12:1-2). De principio a fin, Él es el más grande. Por eso lo seguimos y lo imitamos. Sin embargo, como sucede con cualquier atleta, es indiscutible que el parecernos a Jesucristo demandará esfuerzo. No lo olvides: ningún atleta gana en el estadio a menos que se abstenga de todo lo que le impida ganar (1 Co. 9:25).

## Conclusión

Tener dominio propio significa ser capaz de decir «no» cuando todos los demás dicen «sí». Esta capacidad de frenarte a ti mismo por el deseo de querer ser como Cristo, es lo que marcará la diferencia en tu carrera cristiana. El dominio propio es una manera de poner en práctica tu fe para alcanzar el objetivo de ir creciendo paulatinamente hacia la imagen de Jesús. Dios espera que tengas dominio propio sabiendo que Él lo manda y te capacita, de tal manera que vivas como sabio y seas cada vez más semejante a tu amado Salvador.

# 3

## ¿Es posible tener dominio propio?

*HEBER TORRES*

El futbolista Ronaldo Luís Nazário de Lima, más conocido como «El Fenómeno» (Brasil, 1976), fue la figura escogida por la firma italiana *Pirelli* en 1998 para promocionar su línea de ruedas robustas y poderosas, pero a la vez extraordinariamente adherentes, por medio de este eslogan: «*La potencia sin control no sirve de nada*».[1] Aunque otros famosos deportistas habían colaborado anteriormente con la marca, nadie mejor que él para hacer llegar este mensaje al gran público: dotado de un físico privilegiado, gracias a su explosiva velocidad, Ronaldo superaba rivales cual guepardo en la sabana. Sin embargo, cuando encaraba el arco contrario era capaz de reducir la marcha súbitamente para colocar el balón al fondo de la red con una sutileza y suavidad desconocidas. Solo las lesiones lastraron la trayectoria de un hombre que parecía no tener límites. Años después de haberse

---

1. José Miguel Vinuesa, «"La potencia sin control no sirve de nada": 25 años del famoso eslogan de Pirelli», *Soy Motor*, visitado el 20 de marzo de 2022, disponible en: https://soymotor.com/coches/noticias/pirelli-potencia-sin -control-no-sirve-de-nada-cumple-25-anos-964032.

retirado, los videos con sus mejores goles siguen estando entre los más vistos en internet. Trasladándolo al terreno del carácter, algunos consideran que no solamente es imposible dominarnos a nosotros mismos, sino que resulta inaceptable mantener la templanza como sistema de vida, particularmente cuando somos ofendidos o subestimados. En palabras de Aristóteles: «Es una cobardía, digna sólo de un esclavo, sufrir un insulto y dejarlo impune».[2] En su opinión, lo apropiado y legítimo es reaccionar, y, además, con rotundidad asevera: «El que se deja llevar de la cólera en ocasiones dadas contra los que lo merezcan, haciéndolo además de la manera, en el momento, y durante todo el tiempo que convenga, debe merecer nuestra aprobación».[3] Otros directamente han supuesto que es imposible ejercer autocontrol sin perder parte de la esencia de lo que somos, como si hubiera que elegir entre ser fuertes o limitar nuestros impulsos, y no están dispuestos a contenerse ante nada ni ante nadie.[4]

## El camino hacia el caos

Sin importar el ámbito al que nos refiramos, la falta de dominio propio revela nuestra tendencia a querer «salirnos con la nuestra» en el hogar, en el trabajo, en la iglesia o ¡en cualquier lugar en el que nos encontremos! Pero este asunto del autocontrol no se limita a las relaciones con los demás. Watson lo explica de forma muy gráfica: «Aunque nadie pueda decir: "tu ojo es negro", aun así, tu alma puede estar teñida de negro. Aunque tus manos no estén obrando iniquidad, tu mente puede estar tramándola. Un árbol puede estar lleno de insectos y, aun así, las hojas bonitas

---

2. Aristóteles, *Ética Nicomáquea*, ed. y trad. de Julio Pallí Bonet (Madrid: Editorial Gredos, 2018), p. 92.

3. *Ibíd.*

4. Para Nietzsche, esta necesidad de elegir (y de elegir mal), es una de las principales rémoras del cristianismo: «El cristianismo tomó partido por todo lo que es débil, humilde, fracasado; hizo un ideal de la contradicción a los instintos de conservación de la vida fuerte». Friedrich Nietzsche, *El Anticristo* (Madrid: Editorial Alianza, 1993), p. 29.

pueden cubrirlos al punto que no se ven».[5] No tenemos más que analizar nuestros hábitos y rutinas personales y hacernos algunas preguntas al respecto: ¿qué comemos (y en qué proporción)?, ¿cómo usamos el tiempo libre?, ¿en qué invertimos el dinero?, ¿qué tan disciplinados somos con nuestras responsabilidades?, ¿de qué forma reaccionamos a los comentarios o valoraciones de otros?, ¿cuáles son nuestros pensamientos y anhelos más privados?... Todo ello confirma las tremendas dificultades que experimentamos en esta área concreta. Si las cosas no se dan como quisiéramos, o no logramos lo que deseamos, nos frustramos. Y, en ocasiones, nos vemos en la obligación de hacerlo notar por medio de nuestras palabras, nuestros gestos o, incluso, nuestra actitud para con otros.

Vivimos en una época de confusión generalizada. Por un lado, somos testigos de un movimiento cultural que reclama con indudable arrojo el abandono de un ideal de hombre tradicional para defender en su lugar un modelo masculino menos «patriarcal», más «moderado». Y, al mismo tiempo, todos los días nos cruzamos con comerciales que nos invitan a perseguir nuestros sueños y satisfacer nuestros deseos, sin que nadie tenga derecho a cuestionarlos. Es importante enfatizar que nuestro estándar, también en lo relativo al dominio propio, no responde a lo que la sociedad reclame o a determinadas tendencias de moda, sino a lo que nos ha sido revelado en la Escritura. Y cuando nos acercamos a sus páginas nos damos cuenta de que no solamente debemos, sino que también podemos ejercerlo, para la gloria de Dios y aun para nuestro propio bien. De lo contrario, incurriríamos en un acto de desobediencia flagrante. Algo que, por otro lado, antes o después acarreará consecuencias negativas en nuestra comunión con Dios, en nuestra relación con los demás, e incluso en nuestra propia vida. No olvidemos que lo contrario a «autocontrol» no es otra cosa que «descontrol», es decir: ¡el caos total!

---

5. Thomas Watson, *The Saint's Spiritual Delight and A Christian on the Mount* [*El deleite spiritual del santo y Un Cristiano en el monte*] (Coconut Creek, FL: Puritan Publications, 2013), p. 7.

## Una mancha difícil de borrar

El principal problema es que no resulta sencillo ni agradable refrenar ciertos impulsos. ¿Cómo dejar de defender con vehemencia lo que nos parece justo? ¿Por qué rechazar aquello que nos produce tanto placer? ¿Quién le dice «no» a uno mismo? Como bien ha dicho el Dr. Stuart Scott: «El no controlarnos a nosotros mismos y solamente seguir nuestras inclinaciones iniciales es una elección que se hace más y más fácil».[6] De hecho, algunos de los hombres más impulsivos en la Biblia no son precisamente paganos desalmados, sino siervos del Dios viviente que, en un momento determinado, se dejaron llevar por su prontitud, perdiendo los estribos. La frustración, el orgullo, la justicia propia, la ira o las descalificaciones son solamente algunas de las consecuencias de la falta de dominio propio, pero también la precipitación, la impaciencia, el desánimo o la queja.

A continuación, veremos algunos ejemplos de descontrol registrados en las Escrituras. A pesar de su humildad, Moisés terminó exasperado por los reclamos del pueblo y golpeó la roca con una vehemencia inaudita (Nm. 20:10-12). A pesar de su valentía, Jefté se dejó llevar por la euforia e hizo un voto innecesario y desproporcionado (Jue. 11:30-31). A pesar de su fuerza física, Sansón no resistió la seducción de Dalila y terminó por desvelar su mayor secreto (Jue. 16:15-17). A pesar de su sabiduría, Salomón se entregó a la concupiscencia y llegó a tener tantas mujeres que incluso para él resultaba verdaderamente difícil recordar todos sus nombres (1 R. 11:1-4). A pesar de haber sido testigo de la misericordia de Dios, Jonás se llenó de ira y mostró tanto su falta de compasión como su narcisismo (Jon. 4:1, 9). A pesar de su celo por Cristo, Pedro se avergonzó de Él y lo negó tres veces (Mt. 26:74-75). A pesar de su buena disposición inicial, Juan Marcos abandonó el ministerio de forma precipitada (Mr. 15:37-40).

---

6. Stuart Scott. *El esposo ejemplar: Una perspectiva bíblica.* (Graham, NC: Publicaciones Faro de Gracia, 2007), p. 348.

Todos estos hombres tienen algo en común: aun siendo verdaderos referentes para muchos, en un momento de su vida demostraron falta de dominio propio. Y esto los condujo a resoluciones dramáticas, afectando su servicio y testimonio de manera significativa. Moisés no entró en la tierra prometida, Jefté perdió a su hija, Sansón fue capturado, Salomón sucumbió a la idolatría, Jonás sufrió una insolación que casi le cuesta la vida, Pedro huyó avergonzado y Juan Marcos generó una disputa entre Pablo y Bernabé que derivaría en su separación como equipo misionero. Lo que en un principio se percibió como un camino de afirmación y de disfrute derivó en lágrimas, pérdida, humillación, corrupción moral, vergüenza y, en algunos casos, aun la muerte de los más queridos.

Cuando nos dejamos llevar por nuestras pasiones o cedemos ante las presiones externas, nos perdemos la bendición de ser dirigidos por Dios, y terminamos transitando por la senda equivocada; y, en algunos casos, ratificando que determinados profesantes nunca fueron del Señor (Tit. 1:16). Del mismo modo que una ciudad sin murallas permanece constantemente expuesta a los peligros y las amenazas potenciales (Pr. 25:28), aquel que no cultiva este aspecto del carácter será verdaderamente vulnerable, y vivirá superado por las circunstancias, continuamente a la defensiva, y a expensas de sus sentimientos e impresiones.

## Tiempo de cambiar

La finalización de esta impiedad no la hallaremos en las técnicas de concentración, ni en la meditación trascendental, tampoco en el castigo del cuerpo o en alcanzar una mayor fuerza de voluntad. Ninguna de estas prescripciones lidia con la raíz del problema. Entonces, ¿cómo ejercemos dominio propio?

En primer lugar, debemos dejar de considerar nuestra falta de autocontrol como una piedrecita en el zapato —que en ocasiones nos molesta más y en otras menos— y confesarlo como lo que es: un pecado que deshonra a nuestro Dios y nos perjudica a nosotros (y a otros). La Escritura relaciona la falta de dominio propio con la insensatez, la inmadurez y la inmoralidad (Pr. 14:17; 1 Co. 6:12; 1 P. 2:11). Cuando damos rienda suelta a este pecado, manifestamos nuestra necedad y, lo que es peor, nos rebelamos delante de Dios reclamando una autonomía que no nos corresponde. Esto hará únicamente que nos descalifiquemos a nosotros mismos como embajadores suyos. Este no es el plan que Dios ha diseñado para sus hijos. La convicción de pecado debe llevarnos a la confesión y el arrepentimiento.

En segundo lugar, necesitamos aferrarnos a los recursos que disponemos en Cristo. Una vez que somos conscientes de la gravedad de los hechos, solamente Cristo, cuya sangre nos limpia de todo pecado, puede ayudarnos a lidiar con la falta de dominio propio (1 Jn. 1:7). Aquel que es descrito como «manso y humilde» (Mt. 11:28) nos descubre en qué consiste la humanidad restaurada: afirmar lo que sí honra al Señor, y apartarse de aquello que le desagrada. Pero, al mismo tiempo, nos llama a aprender de Él en esta área tan vital: resistiendo la tentación al aferrarse a la Escritura (Mt. 4:1-11); poniendo la otra mejilla ante las ofensas recibidas (Is. 53:7; He. 12:3); perseverando en la aflicción sin recurrir a la salida «rápida» y «fácil» (Mt. 26:39, 42); y, sobre todo, conformando nuestros deseos y pensamientos a los suyos (2 Co. 10:5).

En tercer lugar, hemos de dar lugar al Espíritu Santo en nuestra vida. Él no solamente nos señala nuestras tachas por medio de una conciencia renovada, sino que además despierta en nosotros nuevos anhelos que producen un fruto radicalmente distinto. Este fruto incluye también al autocontrol (Gá. 5:23). La palabra empleada aquí por el apóstol describe la capacidad de controlar nuestra propia fuerza. Solo en la medida en que estamos llenos del Espíritu de Dios, podremos dominar nuestro ser y, como resultado, practicar la sumisión mutua en todas las esferas (Ef. 5:18–6:4). La templanza, junto con otras cualidades, ratifica la presencia santificadora del Espíritu Santo en la vida del creyente, y contrasta radicalmente con verse esclavizado por lo que Pablo denomina como «los deseos de la carne» (Gá. 5:17).

## Conclusión

Resulta muy notable que, en su comparecencia ante Félix, el apóstol Pablo incluyera el dominio propio como una de las marcas de la fe cristiana, junto a la justicia y el juicio venidero (Hch. 24:24-25). Y es que todo creyente, sin importar la personalidad o el carácter natural, ha sido llamado y capacitado para ejercitar la prudencia y el autocontrol (Tit. 2:2, 5-6). Frente al desenfreno que se observa alrededor (2 Ti. 3:3), responder con templanza te distanciará de tu vieja condición caída y confirmará que eres de Él (2 P. 1:5-11). Pero lejos de suponer una lastra o un castigo, esto te libera de vivir en función de las preferencias o expectativas de los demás, aun de las inclinaciones propias, por muy legítimas que en ocasiones estas puedan parecerte. Al ejercer dominio propio, tanto en tus acciones como en tus intenciones, le estarás dando la primacía a Dios. Recuerda que el fuerte no es el que exhibe sus músculos, sino el que es capaz de controlarlos y usarlos para lo que es bueno y justo.

# 4

## ¿Estoy solo en mi búsqueda por tener dominio propio?

*DAVID GONZÁLEZ*

La ley de gravitación universal, formulada inicialmente por Isaac Newton, define la fuerza con que se atraen dos cuerpos entre sí.[1] De esta manera se explica por qué todo cuerpo humano es atraído por la masa terrestre. La fuerza de la gravedad que ejerce la tierra sobre nosotros permite que podamos caminar y no flotar. Aun cuando damos un impulso y nos desplazamos hacia arriba en el aire, la gravedad ejerce su fuerza para devolvernos rápidamente a la tierra. Este entorno terrestre condiciona ciertos parámetros y límites que influyen en nuestra vida diaria, no solo externamente, sino también en nuestra constitución interna.

De la misma manera sucede en la vida espiritual: el entorno eclesial condiciona ciertos parámetros y límites que benefician

---

1. La ley de gravitación universal fue formulada inicialmente por Isaac Newton en su libro *Philosophiae Naturalis Principia Mathematica* [*Principios matemáticos de la filosofía natural*], publicado el 5 de julio de 1687. Newton dedujo que la fuerza con que se atraen dos cuerpos debía ser directamente proporcional al producto de sus masas e inversamente proporcional al cuadrado de la distancia que los separa.

DAVID GONZÁLEZ

nuestro andar y caminar en Cristo. ¿Quieres crecer y madurar espiritualmente? Necesitas vivir en el ambiente de la iglesia. La iglesia nos ayuda en nuestra santificación. La comunión de los santos beneficia nuestro crecimiento espiritual de muchas maneras, y una de estas es protegiendo nuestro dominio propio. No estamos solos en la búsqueda del dominio propio. Por un lado, ya hemos visto anteriormente cómo Dios nos ha dado el Espíritu Santo quien nos fortalece y nos asiste produciendo fruto de dominio propio (2 Ti. 1:7).[2] Pero, por otro lado, también Dios nos ha incorporado a su cuerpo, la Iglesia, por medio del Espíritu. Es en este medio, en el cuerpo de Cristo, donde siendo miembros los unos de los otros (Ro. 12:5) somos exhortados a cultivar el dominio propio.

## El diseño divino de la iglesia

El propio diseño de Dios para su Iglesia vigoriza el cuidado del dominio propio. Dios planeó su Iglesia para que sea un cuerpo con muchos miembros donde «todos los miembros del cuerpo», siendo «muchos» son «un solo cuerpo» (1 Co. 12:12). Este principio de unidad y diversidad, ordenado por Dios, establece la interdependencia necesaria en la iglesia[3]. No estamos solos. «El ojo no puede decirle a la mano: "No te necesito"; ni tampoco la cabeza a los pies: "No los necesito"» (1 Co. 12:21). Necesitamos a los hermanos, necesitamos a la congregación. Dios nos ha colocado en la iglesia para exhortarnos y fortificarnos mutuamente. De hecho, este es uno de los propósitos por el cual debemos congregarnos.

El autor de Hebreos nos llama a considerar «cómo estimularnos unos a otros al amor y a las buenas obras» (He. 10:24). Es

---

2. Véase el capítulo 3: «¿Es posible tener dominio propio?», de Heber Torres.
3. Esto es, la iglesia local. Cuando se hace referencia a la Iglesia universal —«todo el cuerpo de los redimidos»— se escribe con letra inicial mayúscula. M. G. Easton, *Illustrated Bible Dictionary and Treasury of Biblical History, Biography, Geography, Doctrine, and Literature* [*Diccionario bíblico ilustrado y tesoro de historia, biografía, geografía, doctrina y literatura bíblica*] (New York: Harper & Brothers, 1893), p. 146.

decir, debemos esforzarnos en buscar activamente maneras con las que podamos estimular piadosamente a los hermanos. Esto debe hacerse sin dejar de «congregarnos, como algunos tienen por costumbre» (He. 10:25), porque es en la congregación de los santos donde obtenemos estímulo, exhortación y ánimo para la vida cristiana. Robert L. Thomas, profesor emérito de The Master's Seminary, escribió: «No importa cuán elevadas sean sus capacidades, un cristiano no puede funcionar solo».[4] Como miembro del cuerpo no se puede vivir aislado. Es el diseño del Dios soberano. Dios te ha puesto en la iglesia para cuidar de ti, alentarte, confrontarte, consolarte, exhortarte y animarte. Tus hermanos de la congregación tienen la función dada por Dios de edificar y fortalecer tu vida, incluido tu dominio propio (cp. 1 Co. 12:18; Ef. 4:16).

## El límite de la libertad cristiana

Es interesante que, así como la fuerza de la gravedad impone ciertas condiciones en nuestro caminar sobre la tierra, así también la iglesia establece ciertos límites en nuestro andar cristiano. Estos nos ayudan a cultivar el dominio propio. Una relación sana con nuestros hermanos en Cristo limita el uso de nuestra libertad cristiana y fomenta el dominio propio.[5] El apóstol Pablo explicó este principio a sus hermanos en Corinto en relación con el comer carne sacrificada a los ídolos. Algunos creyentes corintios entendían que tenían libertad en Cristo para poder comerla. Pero, otros hermanos suyos consideraban que comer esa carne era pecar de idolatría. Para los primeros, la carne sacrificada a ídolos era simplemente comida porque conocían que un ídolo no es nada y que solo hay un Dios vivo y verdadero. Sin embargo, para los otros, comer de dicha carne era participar del sacrificio

---

4. Robert L. Thomas, *Entendamos los dones espirituales* (Grand Rapids: Portavoz, 2002), p. 62.
5. Se entiende «libertad cristiana» como el derecho o la libertad de poder hacer algo que Dios no prohíbe explícita ni implícitamente en su Palabra.

pagano, de manera que su conciencia era dañada y pecaban (1 Co. 8:12).

El problema surgía porque el uso de la libertad de unos contaminaba la conciencia de los otros y los hacía tropezar. Su débil conciencia era herida y pecaban porque «el que duda, si come se condena, porque *no lo hace* por fe. Todo lo que no procede de fe, es pecado» (Ro. 14:23). La situación era tan grave que el apóstol dice que «se perderá el que es débil» (1 Co. 8:11). Sabemos que Pablo no se refería a la perdición eterna porque lo identifica como «hermano» hasta en cuatro ocasiones. Pero, además, «se perderá» no alude a un tiempo futuro escatológico sino a la consecuencia presente de «será estimulada su conciencia» (1 Co. 8:10).[6] Dios afirma que cuando no limitas tu libertad y haces tropezar a tu hermano, este es destruido porque la obra de Dios en su vida es destruida por el pecado y no es edificada. Y esto concuerda con lo que Pablo escribe en Romanos 14:20: «No destruyas la obra de Dios por causa de la comida». Por tanto, el uso de la libertad cristiana sin dominio propio puede destruir a mi hermano al incitarlo a pecar. Cristo murió por él y ¿yo lo estimulo a pecar? Haciendo esto pecamos contra los hermanos y pecamos contra Cristo (1 Co. 8:12).

Por tanto, nuestra libertad cristiana tiene límites que nos ayudan a cultivar el dominio propio. John MacArthur dice: «No se puede limitar la libertad sin dominio propio».[7] Por eso Pablo advirtió a los corintios: «tengan cuidado, no sea que esta libertad de ustedes de alguna manera se convierta en piedra de tropiezo para el débil» (1 Co. 8:9). Esta es una exhortación para poner en práctica nuestro dominio propio por amor a nuestros hermanos.

---

6. El verbo griego «ἀπόλλυμι» (*apollymi*) puede también traducirse como «destruir». Gerhard Kittel, Gerhard Friedrich y Geoffrey W. Bromiley, *Compendio del diccionario teológico del Nuevo Testamento* (Grand Rapids: Libros Desafío, 2002), p. 73. En este versículo, «ἀπόλλυται» (*apollytai*) es presente indicativo pasivo, por lo que puede traducirse «el débil es destruido».
7. John MacArthur, *Comentario MacArthur del Nuevo Testamento: 1 y 2 Corintios* (Grand Rapids: Editorial Portavoz, 2015), p. 253.

La iglesia local en la que Dios te ha puesto es un instrumento en sus manos para fortalecer tu dominio propio. Muchas veces tendrás que renunciar a tu libertad, abstenerte y privarte de cosas que serían causa de tropiezo para tu hermano. Esta fue la actitud del apóstol Pablo de acuerdo con su resolución: «si la comida hace que mi hermano caiga en pecado, no comeré carne jamás, para no hacer pecar a mi hermano» (1 Co. 8:13). Pablo puso en práctica su dominio propio. Estuvo dispuesto a privarse y abstenerse de su libertad por amor a Cristo. Su entrega y sacrificio por la iglesia robusteció su dominio propio. Fue un ejemplo digno de imitar.

## La búsqueda del bien del otro

El dominio propio también puede cultivarse cuando procuramos el beneficio de nuestros hermanos por encima del nuestro. En muchas ocasiones, buscar el bien ajeno promoverá el cuidado de nuestro propio control. Así exhortó también el apóstol Pablo a los corintios diciendo: «Todo es lícito, pero no todo es de provecho. Todo es lícito, pero no todo edifica» (1 Co. 10:23). Esta era una frase popular que Pablo corrigió. Los corintios usaban la máxima general «todo es lícito» con el propósito de justificar todo tipo de conducta. Este sonado eslogan les otorgaba libertad para hacer cualquier cosa. El apóstol lo censuró en el capítulo 6 en relación con el uso de sus cuerpos y los exhortó diciéndoles que no debemos dejarnos dominar por nada (1 Co. 6:12). Se trata de una advertencia para evitar todo aquello que tome el control o la potestad de nuestras acciones.

Asimismo, en el capítulo 10 de 1 Corintios, Pablo afirmó que debemos buscar lo que conviene, es decir, lo que es provechoso o beneficioso porque «no todo edifica» (1 Co. 10:23). Algunas cosas pueden ser lícitas, pero no ser beneficiosas para fortalecer la vida de mis hermanos. Debemos preguntarnos siempre: ¿esto edifica a mi hermano, promoviendo y estimulando su crecimiento espiritual? En ocasiones, una respuesta sincera a esta pregunta nos llevará a ejercer el dominio propio. Gordon Fee escribe: «La conducta verdaderamente cristiana no depende de si tengo derecho de hacer algo, sino de si mi conducta es provechosa para los que me rodean».[8] Esta búsqueda es la clave para ejercitar el dominio propio y en esto la iglesia es esencial. Por eso la Palabra nos exhorta así: «procuremos lo que contribuye a la paz y a la edificación mutua» (Ro. 14:19).

El apóstol clarifica aún más este principio y afirma: «Nadie busque su propio bien, sino el de su prójimo» (1 Co. 10:24). El verbo «buscar» connota la idea de esfuerzo y dedicación procurando con tesón el bien del otro y no el mío propio. Esta es la esencia del amor fraternal. No buscar el provecho personal sino el del hermano. Como dice 1 Corintios 13:5 en el contexto de las relaciones fraternales: el amor «no busca lo suyo». Por tanto, «cada uno de nosotros agrade a su prójimo en lo que es bueno para *su* edificación» (Ro. 15:2). Buscar el bien de nuestros hermanos fortalecerá nuestro dominio propio. Nuestras acciones serán controladas por lo que beneficia al cuerpo de Cristo y no por intereses personales. Creceremos en prudencia y autocontrol en la medida que procuremos el bien de nuestros hermanos en Cristo.

Pablo también enfatizó que no solo ejercemos dominio propio cuando nos privamos de algo, sino también cuando estamos dispuestos a acomodar nuestros gustos y modificar nuestras preferencias por amor a los hermanos. Él mismo dijo: «yo *procuro* agradar a todos en todo, no buscando mi propio beneficio, sino el de muchos» (1 Co. 10:32-33). El apóstol procuraba agradar a todos no siendo causa de tropiezo para ellos. Pero este agradar no era una cuestión de consentir sus gustos, sino de acomodarse a sí mismo para el beneficio de otros. Es lo que Pablo expresó antes cuando dijo: «aunque soy libre de todos, de todos me he hecho esclavo para ganar al mayor número posible» (1 Co. 9:19). Siendo libre de todos, se hizo esclavo de todos, renunció a sus propios derechos, se sujetó a los demás. ¿Por qué? Por amor al

---

8. Gordon D. Fee, *Primera Epístola a los Corintios* (Grand Rapids: Nueva Creación, 1994), p. 287.

evangelio de Cristo. Esto implicó que, sin desobedecer a Dios, tuvo que amoldarse a costumbres judías, adaptarse a prácticas gentiles y acomodarse al pensamiento de los hermanos débiles a fin de procurar su beneficio. A todos se hizo de todo por amor del evangelio (1 Co. 9:22). En palabras de Martín Lutero: «El cristiano es libre señor de todas las cosas y no está sujeto a nadie. El cristiano es servidor de todas las cosas y está supeditado a todos».[9] ¿Estás dispuesto de ceder tus derechos y privilegios por amor a Cristo y su iglesia? Esto cultivará tu dominio propio.

## Conclusión

Gracias a Dios por la iglesia. El cuerpo de pecadores redimidos que Dios ha colocado a tu lado no son un estorbo humano para tu piedad sino un recurso divino para tu madurez espiritual; han sido puestos cerca de ti para fortalecer y ejercitar tu dominio propio. Sin ellos no podrías hacerlo. Alaba a Dios por su bondad para contigo. Confiesa tu pecado de queja por tus hermanos y busca la comunión cercana y fiel con el cuerpo de Cristo que Dios planeó para cultivar tu dominio propio.

---

9. Citado en Mario Miegge, *Martín Lutero: La Reforma protestante y el nacimiento de las sociedades modernas* (Barcelona: Editorial Clie, 2016), p. 48.

# 5

# Consecuencias de no tener dominio propio

*JOSUÉ PINEDA DALE*

La falta de dominio propio hace daño. Muchísimo daño. Nada bueno resulta de dejarse llevar libremente por nuestros deseos y pasiones. ¡Cuántas vidas se han perdido por causa de acciones o decisiones impetuosas! A lo largo de la historia, miles han muerto o han quitado la vida a otro debido a un impulso o a un momento de pasión sin límite. Evitaríamos mucho dolor al vivir vidas doblegadas al Señor y su verdad. Dios quiere que vivamos dando fruto, bajo el dominio del Espíritu Santo, no de nuestras pasiones desenfrenadas. Aunque en Cristo somos nuevas criaturas, lo cierto es que frecuentemente perdemos el control, ofendiendo a Dios, y al hacerlo, traemos consecuencias sobre nosotros y sobre los que nos rodean. Sin embargo, no siempre lo veremos tan claro, sobre todo, si nos alejamos de lo que Dios afirma en su Palabra.

Por un lado, la falta de dominio propio no será «un gran problema» si prestamos atención a lo que se dice a nuestro alrededor, viéndolo según los ojos del mundo. Hoy en día no se considera el dominio propio como un fruto del Espíritu y, por ende, la falta de dominio propio como un pecado.[1] En cambio, como afirmarían algunos, el dominio propio es sencillamente una habilidad.[2] La falta de dominio propio, entonces, se entendería como una habilidad que no se tiene o que está en proceso de adquirirse, entre muchas otras opciones. Esta habilidad, afirmarían otros —enfocándose más en el aspecto mental y fisiológico—, «tiene sus raíces principalmente en la corteza prefrontal, el centro de planificación, resolución de problemas y toma de decisiones del cerebro».[3] Esto reduce el dominio propio meramente a una actividad mental o cerebral. Por eso, la Real Academia Española define el dominio propio —o autocontrol— como el «control de los propios impulsos y reacciones»[4] de la persona. Por todo lo anterior, según la psicología, todo lo que necesitamos para luchar con la falta de dominio propio, es terapia de modificación del comportamiento, técnicas prácticas y demás.[5]

---

1. De hecho, Liad Uziel y Roy F. Baumeister sugieren que el dominio propio o «autocontrol es una capacidad humana altamente adaptable». L. Uziel y R. F. Baumeister, *The Self-Control Irony: Desire for Self-Control Limits Exertion of Self-Control in Demanding Settings* [*La ironía del autocontrol: El deseo por autocontrol limita el esfuerzo de autocontrol en entornos exigentes*]. Personality and Social Psychology Bulletin, 2017; 43(5):693-705, doi:10.1177/0146167217695555, p. 693.

2. J. P. Bermúdez, *The Skill of Self-control* [*La habilidad de autocontrol*], Synthese. 2021; 199(3-4):6251–6273, doi: 10.1007/s11229-021-03068-w. Epub 2021 Feb 18. PMID: 34970004; PMCID: PMC8668847, p. 6254.

3. Psychology Today, «Self-Control» [«Autocontrol»], visitado el 11 de febrero de 2022, disponible en: https://www.psychologytoday.com/us/basics/self-control.

4. Real Academia Española, «Autocontrol», *Diccionario de la lengua española*, 23.ª ed., [versión 23.5 en línea], visitado el 20 de marzo de 2022, disponible en: https://dle.rae.es/autocontrol?m=form. Véase el contraste entre esta definición y la brindada por la «sabiduría» humana y la sabiduría de Dios en el capítulo 1, por Daniel Puerto.

5. Véase Marshall Asher y Mary Asher, *The Christian's Guide to Psychological Terms* [*La guía cristiana de términos psicológicos*], 2ª ed., revisada y actualizada (Bemidji, MN: Focus Publishing, 2014), p. 188. La psicología lo describe así: «Una persona que está autocontrolada está regulando su comportamiento, emociones e impulsos de tal manera que no sean indeseables. Una persona alcanza autocontrol a través de reprimir o inhibir sus deseos». *Ibíd.*

Por otro lado, si minimizamos la importancia de la falta de dominio propio en nuestra vida, agravaremos el problema y las consecuencias de este. Si lo consideramos como algo no tan grave, y no como la Escritura lo ve, entonces nuestra falta de dominio propio dará pie a más pecado. Jerry Bridges, en su magistral obra, *Pecados respetables*,[6] incluye la falta de dominio propio como un pecado que los cristianos solemos «avalar». En sus palabras:

A pesar de la enseñanza bíblica del dominio propio, sospecho que esta es una virtud que no recibe atención *concienzuda* de parte de la mayoría de los cristianos [...]. La falta de dominio propio bien podría ser uno de nuestros pecados «respetables». Y al tolerarlo nos hacemos más vulnerables a otros más.[7]

Restar importancia a la falta de dominio propio en nuestra vida o atribuirla a factores mentales o fisiológicos, resultará en más y más pecado, además de consecuencias devastadoras que harán mucho daño, tal como veremos a continuación.

## La falta de dominio propio te llevará a pecar

Dado que el dominio propio es parte del fruto del Espíritu (Gá. 5:22-23), la falta de dominio propio es pecado. Habiendo dicho esto, se entiende mejor la primera consecuencia: la ausencia de dominio propio te llevará a pecar. La falta de autocontrol hará que cedas a la tentación y te dejes llevar por lo que ven tus ojos, lo que siente tu cuerpo o lo que desea tu corazón. R. C. Sproul se refirió a estos impulsos como «salvajes y caóticos».[8] Si dejas

---

6. Jerry Bridges, *Pecados respetables: Confrontemos esos pecados que toleramos* (El Paso, TX: Editorial Mundo Hispano, 2008).

7. Bridges, *Pecados respetables*, p. 122. Énfasis en el original.

8. R. C. Sproul, *Creciendo en santidad: El papel que juega Dios y el papel que juegas tú* (Grand Rapids: Editorial Portavoz, 2021), p. 174. Para R. C., el cristiano se caracteriza por «desarrollar la capacidad de frenar los impulsos salvajes y caóticos que pueden conducirnos a la destrucción». Es interesante cómo el mismo autor compara también el hecho que fuimos «creados y

de confiar en la verdad del Señor y Su Palabra, darás rienda suelta a tus sentidos y emociones, tal como le sucedió a David (2 Samuel 11).

Siempre me llamó la atención que, para comenzar, el rey David no estaba donde tenía que estar: «Aconteció que en la primavera, en el tiempo cuando los reyes salen *a la batalla* [...] David permaneció en Jerusalén» (2 S. 11:1). Es claro que, con base en una simple observación del texto, David se puso en una situación vulnerable. Mientras todos luchaban contra los amonitas, David se levanta después de una siesta y «se paseaba por el terrado» (2 S. 11:2). La situación se complicó cuando el rey vio a una mujer hermosa bañándose —Betsabé— y, en lugar de autocontrolarse y no dar cabida a sus deseos, decidió hacer todo lo contrario: la mandó a traer y se acostó con ella (2 S. 11:3-4). David prosiguió en su pecado, dando rienda suelta a su falta de dominio propio, llegando incluso a tramar de manera muy fría la muerte de Urías, el esposo de Betsabé (2 S. 11:6-17).

Aunque 2 Timoteo no se escribiría sino hasta muchos años después de 2 Samuel, lo que Pablo advierte a Timoteo es justamente lo que David hizo: actuó en desenfreno o sin control de sí mismo (2 Ti. 3:3). David dio rienda suelta a sus deseos. No se limitó en nada, ni se detuvo a pensar si Dios se agradaría con su actuar, mucho menos pensó en las consecuencias. Por su falta de autocontrol, David fue además amador de sí mismo, avaro, soberbio, implacable, impetuoso y amador del placer, entre otras cosas (2 Ti. 3:2-4). Dar rienda suelta a su pasión, a su desenfreno, a su carne, le llevó por un camino amargo y sin retorno.

---

ubicados en un jardín y, sin embargo, [a menudo] describimos nuestra situación presente en la vida como una selva»; haciendo un contraste entre ambos debido a que «en la selva hay animales salvajes y en el jardín, de haberlos, están domados y domesticados. [...] La mayor diferencia entre una selva y un jardín es la que existe entre el crecimiento controlado y ordenado frente al crecimiento salvaje, caótico. Una selva es un jardín que se ha asilvestrado». *Ibíd.*, p. 172.

La falta de dominio propio te llevará a pecar y eso no se puede tomar a la ligera.

## La falta de dominio propio te dejará vulnerable

La Biblia es muy clara respecto a lo vulnerables que somos cuando no tenemos dominio propio. No tener dominio propio es no tener defensa (Pr. 25:28). Antes de ser conquistada, Jericó «estaba muy bien cerrada por miedo a los israelitas» (Jos. 6:1). Un muro alrededor de una casa, un terreno o una ciudad, sirve de protección. El que está adentro está resguardado de peligros externos. Está seguro. Nadie le puede hacer daño. Lo mismo sucede en los zoológicos, solo que a la inversa. El que está protegido no es el que está adentro del «muro» (puede ser una reja o jaula), sino el que está afuera, ya que adentro hay un animal feroz. De igual forma nos sucede si no tenemos autocontrol, dejando que «no tengamos límite/obstáculo sobre» nuestros deseos, pasiones y placeres.[9]

Sansón se puso a sí mismo en una situación vulnerable por su falta de dominio propio. Este hombre, que era «nazareo para Dios», había sido escogido como juez para «salvar a Israel de manos de los filisteos» (Jue. 13:5).[10] No obstante, en repetidas ocasiones, este juez se alejaba de su llamado, yendo tras lo que deseaba su corazón. Finalmente, su desenfreno lo llevó a la ruina, al revelar su secreto a Dalila y caer en manos de sus enemigos (Jue. 16). Sansón dio rienda suelta a sus pasiones, no poniendo ningún obstáculo, ningún impedimento, ninguna barrera. Su pecado, su falta de dominio propio, lo hizo vulnerable y terminó pagándolo con su vida.

Es un riesgo latente vivir sin dominio propio. Todo hombre se expone abiertamente a muchos peligros al vivir de esa forma.

---

9. George M. Schwab, «The Book of Proverbs» [«El libro de Proverbios»], en *Cornerstone Biblical Commentary, vol. 7: The Book of Psalms* [*El libro de los Salmos*], *The Book of Proverbs* [*El libro de Proverbios*] (Carol Stream, IL: Tyndale House Publishers, 2009), p. 616.
10. Veáse Números 6:1-21 para conocer más acerca del «voto de nazareo».

Por eso la Escritura nos advierte lo siguiente: «Mejor es el lento para la ira que el poderoso, y el que domina su espíritu que el que toma una ciudad» (Pr. 16:32). En otras palabras, es mucho más loable tener dominio propio, dominando nuestro enojo, que tener mucho poder. Es «mejor». Requiere más. Ser lento en airarse no es fácil, requiere mucho esfuerzo y mucha dependencia del Señor. Santiago sabía lo difícil que esto es, por eso recuerda que debemos ser lentos en airarnos (Stg. 1:19). La ira nos pone fácilmente en riesgo porque se apodera del que no puede controlarse (Stg. 1:20). Por eso, la segunda mitad de Proverbios 16:32 deja claro que, aunque parezca que tomar una ciudad tiene mucho más mérito que dominar su espíritu, es el hombre que domina su espíritu quien en verdad tiene más mérito, puesto que es más difícil.[11] Todo aquel que logre dominarse —dominar su espíritu— estará más protegido, más seguro y será menos vulnerable, y sabemos que esto solo es posible a través del Espíritu Santo morando en el creyente.

## La falta de dominio propio te traerá vergüenza y afectará a otros

La falta de dominio propio resulta a menudo en vergüenza, luto y dolor no solo para el que falló en controlarse, sino también para los que le rodean. Triste pero cierto, esto fue lo que le sucedió a Nabal y su familia.[12] Nabal era un hombre muy rico,

---

11. En palabras de A. R. Fausset, esto es así «porque es más dura la guerra que se hace contra las propias pasiones que la que se hace contra los demás». A. R. Fausset, *A Commentary, Critical, Experimental, and Practical, on the Old and New Testaments: Job–Isaiah* [*Un comentario crítico, experimental y práctico del Antiguo y Nuevo Testamento: Job–Isaías*], vol. III (London; Glasgow: William Collins, Sons, & Company, Limited, s.f.), p. 470.
12. El texto describe a Nabal como un calebita (1 S. 25:3). Este no es un detalle sin importancia. No era un hombre cualquiera en esas tierras. Un calebita era un descendiente del acompañante de Josué en el tiempo de Moisés, quien había recomendado entrar en la tierra de Canaán (Nm. 13:30). Como recompensa, Caleb eventualmente heredó la zona rural montañosa alrededor de Hebrón (Jos. 14:6-15).

pero tenía mal carácter. Su nombre —«נָבָל (nā·ḇāl)»[13]— quiere decir «necio (intelectual y moralmente)».[14] El relato bíblico lo describe como «áspero y malo en sus tratos» (1 S. 25:3). Esta descripción prepara al lector para lo que viene. Para resumir la historia, a pesar del buen trato de David para con los pastores de Nabal (1 S. 25:5-8), este hombre rico y malhumorado no correspondió de la misma forma a David, menospreciándolo e insultándolo, diciendo más de lo que tenía que decir (1 S. 25:9-11). David se preparó para ir a la guerra contra él (1 S. 25:12-13, 21-22), hasta que Abigail —esposa de Nabal— intervino, muy apenada (1 S. 25:14-20, 23-31). ¡La esposa tuvo que humillarse y poner su cara en nombre de su esposo, rogando clemencia! Esto era cuestión de vida o muerte no solo para Nabal, sino para toda su familia y criados. La falta de dominio propio de un hombre necio trajo vergüenza sobre sí mismo y su familia. Afectó también a los que le rodeaban: así es como paga de mal el pecado.

Aunque la actitud desenfrenada por parte de Nabal no resultó en muerte a manos de David gracias a la intervención de su esposa, Dios terminó ocupándose de él. Este hombre áspero y necio siguió en su desenfreno, sin dominio propio, emborrachándose mientras su esposa imploraba clemencia ante David (1 S. 25:36). Pero «unos diez días después, sucedió que el SEÑOR hirió a Nabal, y murió» (1 S. 25:38). Nabal pagó caro su desenfreno. Después de dar rienda suelta a su boca, a sus deseos y pasiones, quedó «como muerto» (1 S. 25:37) y Dios actuó: «su muerte vino

13. James Swanson, *Dictionary of Biblical Languages with Semantic Domains: Hebrew (Old Testament)* [*Diccionario de idiomas bíblicos con dominios semánticos: Hebreo (Antiguo Testamento)*] (Oak Harbor, WA: Logos Research Systems, Inc., 1997), «נָבָל».
14. Ludwig Koehler et al., *The Hebrew and Aramaic Lexicon of the Old Testament* [*El léxico hebreo y arameo del Antiguo Testamento*] (Leiden, Países Bajos: E.J. Brill, 1994–2000), p. 663.

como un resultado directo de una justicia divina administrada personalmente».[15]

Nabal fue lo opuesto de lo que Proverbios 17:27 describe: «El que retiene sus palabras tiene conocimiento, y el de espíritu sereno es hombre entendido». Al no retener sus palabras, al proferir palabras carentes de sabiduría —pensando más «con el hígado»—, trajo consecuencias catastróficas: perdió su honor, su vida, su esposa, su familia, sus criados y sus bienes. Nabal habló mucho. Habló de más y «en las muchas palabras, la transgresión es inevitable» (Pr. 10:19a). No fue prudente en «[refrenar] sus labios» (Pr. 10:19b). Usualmente, no medir nuestras palabras nos llevará a un punto sin retorno. No podemos simplemente retroceder el video y editarlo. Tendremos que sufrir las consecuencias. Lo triste es que es probable que en ocasiones atropellemos a otros en el proceso. Lo mismo le sucedió a Acaz, rey de Israel, cuando, debido a su desenfreno, el Señor «humill[ó] a Judá» (2 Cr. 28:19). ¡Qué manera de traer vergüenza a tu nombre y a los que debes cuidar y proteger! La falta de dominio propio es peligrosa, por eso debemos permanecer en alerta constante.

## Conclusión

El hombre de Dios está en riesgo al no autocontrolarse, al no dejar que el Espíritu Santo obre en él. El dominio propio es necesario. Es indispensable. Como es un fruto del Espíritu, no puede faltar en el cristiano y, más bien, debe cultivarse. No debes ser dominado. No te dejes vencer, no cedas (Ro. 12:21). Debes ser dueño de ti mismo (Tit. 1:8), refrenar tus pies (Sal. 119:101) y ser lento para hablar y actuar (Stg. 1:19). Ezequías, ya sea por estrategia u arrogancia, no se pudo controlar y fue muy imprudente. Como Isaías mismo lo narra: «no hubo nada en su casa ni en todo su dominio que Ezequías no les mostrara» (Is. 39:2)

15. Robert D. Bergen, *1, 2 Samuel*, vol. 7, The New American Commentary [El Nuevo Comentario Americano] (Nashville, TN: Broadman & Holman Publishers, 1996), p. 252.

a sus enemigos. Su falta de dominio propio lo llevó a pecar, lo puso en una situación vulnerable, le trajo vergüenza y afectó a todo el pueblo: «Ciertamente vienen días cuando todo lo que hay en tu casa y todo lo que tus padres han atesorado hasta el día de hoy, será llevado a Babilonia; nada quedará» (Is. 39:6). Sé discreto, sobrio, refrenado, dueño de ti mismo y controlado, por el poder del Señor en ti.

# 6

# El dominio propio en el Antiguo Testamento

*LUCAS ALEMÁN*

En la actualidad hay miles de libros sobre el desarrollo personal. Cada año se publican más y más recursos que abarcan esta temática en particular. Pero la verdad es que son muy pocos los que consiguen algún tipo de éxito a corto plazo —y a la larga mucho menos. La gran mayoría caen rápidamente en el olvido. Se desvanecen enseguida ante el sinfín de los «muchos libros» (Ec. 12:12). Por esta razón, resulta interesante que *Los 7 hábitos de la gente altamente efectiva* haya permanecido en las estanterías por más de 30 años. Publicado originalmente por Stephen R. Covey en 1989, este libro ha sido traducido a 52 idiomas diferentes y en total ha vendido más de 25 millones de ejemplares. Sin duda, sigue siendo uno de los recursos más influyentes y valorados en el tema.

Según Covey, la esencia de los hábitos más básicos de nuestra efectividad es el dominio propio.

Al comprometernos y mantener nuestros compromisos empezamos a establecer una integridad que nos proporciona la conciencia del *autocontrol*, y el coraje y la fuerza de

aceptar más responsabilidad por nuestras propias vidas [...]
*El poder de comprometernos con nosotros mismos y de mantener
esos compromisos es la esencia del desarrollo de los hábitos básicos
de la efectividad.* El conocimiento, la capacidad y el deseo
están dentro de nuestro *control*.[1]

A pesar de la amplia aceptación de este libro en el mundo, lo
que llama la atención es que muy pocos reconocen la importancia del dominio propio en su búsqueda del desarrollo personal.
En consecuencia, la pregunta que surge es: ¿por qué preocu-
parse tanto de este principio de carácter «esencial», como sugiere
Covey? Al fin y al cabo, nuestra sociedad promueve precisamente
lo contrario.

## Libertad en riesgo

Hoy en día lo que marca tendencia es el derecho a la libertad
y la autoexpresión indiscriminada. Se nos aconseja que cada
uno de nosotros se escuche a sí mismo y dé rienda suelta a su
propio potencial. Las cosas deben hacerse a nuestra manera,
siguiendo —por sobre todo— nuestro corazón conjuntamente
con sus deseos más profundos. Como se mencionó en el primer
capítulo, «Just Do It» [«Solo hazlo»], es uno de los eslóganes
más famosos de publicidad en el mundo del deporte. Esto es
lo que define nuestra sociedad o, mejor dicho, lo que *nos* define
ante los ojos de la sociedad. De modo que al dominio propio
se lo considera como un enemigo público que invade nuestro
potencial personal y ahoga nuestra libertad de expresión. Sin
embargo, nada puede estar más lejos de la verdad que semejante
conclusión.

El dominio propio no obstruye la libertad, sino que la promueve. Por ejemplo, lo que esclaviza a un alcohólico es su falta de
dominio propio. Asimismo, los jugadores compulsivos apuestan

---

1. Stephen R. Covey, *Los 7 hábitos de la gente altamente efectiva: La revo-
lución ética en la vida cotidiana y en la empresa*, traducido por Jorge Piatigorsky
(Buenos Aires, Argentina: Paidós, 2003), p. 56 (énfasis añadido).

cada vez más y con mayor frecuencia porque no saben cómo controlar su relación con el juego. Se puede decir entonces que la libertad sin ningún tipo de dominio propio *siempre* conducirá al caos y al fracaso. Sin dominio propio no hay verdadera libertad. Todo esto queda muy bien resumido en uno de los proverbios de Salomón: «*Como* ciudad invadida *y* sin murallas es el hombre que no domina su espíritu» (Pr. 25:28). Lo descrito por Salomón solo conlleva a una ausencia de libertad.

## Carente de defensa

Al hombre falto de dominio propio se lo compara con una ciudad «invadida *y* sin murallas» (Pr. 25:28). Esto implica que sus muros fueron derribados. Fueron destruidos. Hay que entender que en la antigüedad la característica *más* importante de una ciudad era su muro (cp. Pr. 18:11; 21:22).[2] Una ciudad bien amurallada era señal de seguridad y libertad. Pero «sin murallas» (Pr. 25:28), una ciudad quedaba totalmente indefensa ante los ataques de sus enemigos y era vulnerable a todo tipo de maldad. Tal condición simbolizaba vergüenza y deshonra. Por esta razón, cuando Nehemías se enteró de que «la muralla de Jerusalén [todavía estaba] derribada» (Neh. 1:3), se sentó a llorar e hizo duelo por algunos días (Neh. 1:4). Los judíos que habían sobrevivido a «la cautividad» estaban pasando por «gran aflicción y oprobio» (Neh. 1:3) al contemplar la ruina que sobrevino en la ciudad de Dios (cp. Sal. 46:4; 87:5; 127:1) —hacía ya más de 140 años.

El ejército babilónico, bajo el mando del capitán «Nabuzaradán» (2 R. 25:8), había conquistado Jerusalén en el año 586 a. C. El texto dice bien claro que Nabuzaradán «quemó la casa del SEÑOR, la casa del rey y todas las casas de Jerusalén; prendió fuego a toda casa grande. Todo el ejército de los caldeos que *estaba con* el capitán de la guardia derribó las murallas alrededor de Jerusalén»

---

2. Bruce K. Waltke, *The Book of Proverbs: Chapters 15-31* [*El libro de Proverbios: Capítulos 15-31*], NICOT (Grand Rapids: Eerdmans Publishing Company, 2005), p. 344.

LUCAS ALEMÁN

(2 R. 25:9-10). Esta ciudad había quedado definitivamente en pésimas condiciones después de este ataque.[3] Pero lo peor de todo era que su muro había permanecido derribado desde aquel entonces. Todos esos años Jerusalén había sido blanco fácil de cualquier ataque. La ciudad donde se supo que habitaba el «Dios de los cielos» (Neh. 1:4; cp. Sal. 132:13-14; 135:21), estuvo a merced de sus enemigos por todos estos años y ahora se había convertido en una causa de dolor permanente para Nehemías.

## Tragedia al acecho

Por todo lo anterior se convierte en una *necesidad* ejercer el dominio propio.[4] Es absolutamente indispensable que un hombre controle su «espíritu» (Pr. 25:28) si pretende alcanzar la verdadera libertad. Después de todo, el dominio propio establece los límites dentro de los cuales se puede vivir con seguridad. A primera vista, esto parece contrario al sentido común, especialmente en nuestro contexto posmoderno, donde la libertad «absoluta» es el objetivo más codiciado por todos. Supuestamente, los límites constituyen un obstáculo para cualquier forma de desarrollo. Son antitéticos a nuestro potencial. Pero la verdad es que solo un necio puede pensar de esta manera. Ir por el camino de la moderación no es sinónimo de esclavitud, sino de sabiduría.[5] Proverbios 12:16 dice: «El enojo del necio se conoce al instante, pero el prudente oculta la deshonra» (cp. Pr. 29:11).

Nadie, en su sano juicio, considera a un hombre que maneja un auto sin frenos como alguien absolutamente libre. Solo otro necio puede alabarlo por semejante acto de negligencia porque lo cierto es que, para llegar a destino, se necesita más que el pedal del acelerador. También hay que utilizar el freno regularmente y

3. F. Charles Fensham, *The Books of Ezra and Nehemiah* [*Los libros de Esdras y Nehemías*], NICOT (Grand Rapids: Eerdmans Publishing Company, 1982), p. 152.
4. Tremper Longman III, *Proverbs* [*Proverbios*], BCOT (Grand Rapids: Baker Academic, 2006), p. 458.
5. Waltke, *The Book of Proverbs* [*El libro de Proverbios*], p. 344.

El dominio propio en el Antiguo Testamento

respetar los límites de velocidad establecidos. Sin frenos no hay ningún tipo de seguridad ni desarrollo personal. ¡No importa cuán excitante sea la sensación de adrenalina! La tragedia es inminente para el necio. Es solo una cuestión de tiempo hasta que se estrelle contra algo o alguien porque una vida sin límites *siempre* conduce a la ruina. No es sabio entonces dejar el espíritu sin «rienda» (Pr. 25:28, RV60; cp. 27:12). Es necesario dominarlo a toda costa. Esta es la aplicación principal de Proverbios 25:28.

## Protección necesaria

Hay varios otros pasajes en el libro de Proverbios que confirman esto —en particular, la idea de que el espíritu del hombre es vulnerable y, por lo tanto, necesita de algún tipo de control o «rienda» (RV60), como vimos antes en Proverbios 25:28—. Por ejemplo, Proverbios 15:13 y 17:22 advierten que el espíritu «se quebranta» («se abate» [RV60]) y se puede poner «triste» (RV60) cuando no tiene límites. En contraste, el «corazón inteligente busca conocimiento» (Pr. 15:14; cp. 18:15). No «se alimenta de necedades» (Pr. 15:14) porque sabe que el «perverso de corazón nunca encuentra el bien» (Pr. 17:20). Al espíritu angustiado o quebrantado se lo describe como algo que no se puede soportar. Es incluso mucho peor que la «enfermedad» física (Pr. 18:14). Todo esto apunta a la verdad innegable de que el «espíritu» del «hombre» necesita ser atendido *constantemente* (Pr. 25:28). No puede descuidarse ni un solo día.

A cada uno de nosotros se nos permite gobernar nuestro propio corazón —en cierta medida. Esto es más que evidente y probatorio en Proverbios 16:32, que señala: «Mejor es el lento para la ira que el poderoso; y el que domina su espíritu que el que toma una ciudad». El dominio propio es un bien de gran estima para Dios. Cada uno de nosotros estamos llamados a controlar nuestro «espíritu». De lo contrario, perderemos la capacidad de protegernos a nosotros mismos como pasó con Jerusalén.

## Conclusión

Así como el muro era la característica más importante de una ciudad en la antigüedad, el dominio propio es la virtud más necesaria del hombre en la actualidad. No pierdas la capacidad de protegerte. El pecado está al acecho y necesitas protegerte debidamente. No te coloques en una situación en la que no podrás tener defensas. Esto solo te llevará a la ruina y a perder tu libertad.

# 7

# El dominio propio en el Nuevo Testamento

*ALBERTO SOLANO*

Quizás tú seas alguien que, habiendo emprendido una tarea, no se distrae hasta completarla. Pero aquí abajo, en el campo de los mortales, me imagino que habrá más de uno al que nos vendría bien una buena dosis de concentración y persistencia. Pues no sé tú, pero yo, aun tratando de concentrarme, rápidamente me distraigo y mi mente se escapa a pensamientos que no tienen nada que ver con lo que debería estar haciendo. *¿Ya respondí al mensaje que dejé en visto? ¿Cómo se llamaba aquella película que me recomendaron? ¿Habrá salido ya la repetición del Madrid contra Barcelona?*

No se necesita ser cristiano para entender los beneficios de concentrarse en una tarea u objetivo. Metas como bajar de peso o estudiar para un examen son sumamente difíciles sin un sentido de concentración y dominio propio. Y esto no es nuevo. Antes de que Pablo escribiera alguna de sus cartas, filósofos y oradores griegos entendían que el dominio propio es fundamental para cultivar amistades, sobresalir en actividades e invertir a la larga.[1]

---

1. Por ejemplo, Cicerón, *Fin.* 1.14.47; 2.19.60; Epicteto, *Diatr.* 2.10.18; Isócrates, *Demon.* 21; Dion Crisóstomo, *Or.* 3.85; 29.14.

ALBERTO SOLANO

Desde entonces, la gente busca dominarse a sí misma e, incluso, construir culturas que fomenten la disciplina. Sin embargo, como lo veremos a continuación, mientras que el mundo entiende y alaba el concepto de dominio propio como medio para lograr objetivos, el tipo de dominio propio del que leemos en el Nuevo Testamento es completamente distinto.

## El dominio propio es posible

Al decir «el dominio propio es posible», no estoy diciendo que los cristianos somos los más disciplinados del mundo. Confieso que soy el primero que necesita más autodisciplina. La diferencia es que nosotros, en contraste con el mundo, podemos ejercitar un dominio propio que proviene de una fuente mucho más poderosa que nosotros mismos: procede del Espíritu Santo. En Gálatas 5:23, Pablo identifica el dominio propio como uno de los frutos del Espíritu que Dios ha dado a la Iglesia: «el fruto del Espíritu es amor, gozo, paz, paciencia, benignidad, bondad, fidelidad, mansedumbre, dominio propio» (Gá. 5:22-23). Justo antes de escribir esta lista, Pablo habla de las «obras de la carne», es decir, los pecados que, si no estamos atentos, nuestra mente y cuerpo buscan como puerco al lodo (cp. Gá. 1:6-7; 3:1-2; 4:8). Estos son: «inmoralidad, impureza, sensualidad, idolatría, hechicería, enemistades, pleitos, celos, enojos, rivalidades, disensiones, herejías, envidias, borracheras, orgías y cosas semejantes» (Gá. 5:19-21).

La única diferencia entre una persona que anda en pecado y una que busca producir el fruto del Espíritu es la obra redentora de Cristo. Tal como continúa escribiendo Pablo: «Pues los que son de Cristo Jesús han crucificado la carne con sus pasiones y deseos» (Gá. 5:24). Pero no se detiene allí. Añade que todo aquel que ha sido salvado por Cristo ahora tiene al Espíritu Santo por medio del cual puede andar y producir el fruto del Espíritu: «Si vivimos por el Espíritu, andemos también por el Espíritu» (Gá. 5:25). Pablo menciona algo similar en 2 Timoteo, cuando le recuerda al destinatario de esta carta: «no nos ha dado Dios

80

espíritu de cobardía, sino de poder, de amor y de dominio propio» (2 Ti. 1:7). Dios no nos manda a esforzarnos por nuestras propias fuerzas; si fuera así, fallaríamos espectacularmente. Más bien, junto con la exhortación nos da el medio: Su Espíritu, el cual nos energiza para poder vivir y andar de manera que agrada a Dios (cp., Ro. 8:1-8). Así, la distinción entre alguien esclavo al pecado y alguien que puede hacer exactamente lo opuesto, es decir, andar en amor, paciencia, paz, etc., es el obrar del Espíritu en el corazón.

Permíteme enfatizar este punto antes de continuar. Es posible que, habiendo leído hasta este punto, te sientas desanimado por lo mucho que te falta crecer en dominio propio. Quizás los pecados que cometiste esta semana te hagan sentir desalentado y piensas que jamás lograrás someter tu mente y carne. Pero te tengo buenas noticias: ¡Dios *sí* quiere que crezcas en dominio propio! Él te ha dado todo lo necesario para que continúes dominando tu cuerpo en obediencia y te ha otorgado su Espíritu para que sí puedas obedecer y sí puedas agradarlo. Así que no te desanimes. No es casualidad que Pablo menciona el dominio propio al final de la lista en Gálatas 5 como el clímax de todos los dones, pues es de los frutos más difíciles, y a la vez más necesarios, para el caminar con Cristo. En 2 Pedro, habiendo dicho que los cristianos ya no están atados a la corrupción que hay en el mundo gracias a que conocen a Jesús (2 P. 1:3-4), Pedro anima a los creyentes a no conformarse con una fe principiante, sino que añadan diligentemente a su fe «virtud, y a la virtud, conocimiento; al conocimiento, dominio propio» (2 P. 1:5-6). En otras palabras, les llama a que tomen con seriedad ejercitar el autocontrol, pues es un paso importantísimo para agradar a Dios en nuestra vida y para el cual Él ya nos ha dado lo necesario en el Espíritu.

### El dominio propio por el bien de los demás

«Pero... ¿por qué esforzarnos? ¿Por qué deberíamos disciplinarnos?». No sé ustedes, pero estas son las preguntas que me vienen a la mente cuando la meta es difícil y lo más fácil es tirar la toalla y desistir. En el mundo, la respuesta a estas preguntas normalmente es: «Esfuérzate para que te vaya mejor, para que logres tus sueños y tengas una mejor vida». En otras palabras, «échale ganas», como se dice en México, «porque te conviene a ti mismo». Sin embargo, cuando el Nuevo Testamento habla de esforzarnos y disciplinarnos, siempre tiene como objetivo algo mucho más grande y transcendental. *En el Nuevo Testamento el dominio propio es para la gloria de Cristo en la propagación del evangelio y el servicio a los demás.* Dicho de otra manera, nos dice que nos esforcemos con todas nuestras fuerzas, mas no para nuestro propio beneficio, sino por la causa de Cristo y su Iglesia.

Si continuamos leyendo en Gálatas, nos damos cuenta de que la razón por la cual el fruto del Espíritu fue dado es por el bien de la Iglesia: «Hermanos, aun si alguno es sorprendido en alguna falta, ustedes que son espirituales, restáurenlo en un espíritu de mansedumbre, mirándote a ti mismo, no sea que tú también seas tentado. Lleven los unos las cargas de los otros, y cumplan así la ley de Cristo» (Gá. 6:1-2). Al hablar de los «espirituales» se refiere a personas como tú y como yo que, en medio de lo mucho que nos falta por crecer para agradar a Dios en todas las áreas de nuestra vida, buscamos autodisciplinarnos para ayudar a los demás. Conforme producimos el fruto del Espíritu y sometemos las pasiones erróneas de nuestra mente a la voluntad de Dios, volteamos a nuestro alrededor para ver cómo podemos ser de ayuda y bendición a los demás. De manera similar, si continuamos leyendo 2 Timoteo, vemos que la razón por la cual Pablo desea que Timoteo no desista de su ministerio, sino que recuerde que Dios le ha dado lo necesario para que ande en amor y dominio propio, es porque su iglesia local necesita que les hable del evangelio (2 Ti. 1:7-14).

Cuando Cristo se encarnó, murió en la cruz y resucitó, lo hizo para salvarnos y crear de nosotros, que somos pecadores, un pueblo que lo adore luchando contra la impiedad y deseos mundanos y caminando en piedad y buenas obras (Tit. 2:11-14). Al rescatarnos, no nos llevó inmediatamente al cielo, sino que nos dejó aquí en la tierra, con estos cuerpos y mentes que tan fácilmente se distraen, para propagar su evangelio, edificar su Iglesia y hacer discípulos. Por ende, buscar tener dominio propio deja de ser un esfuerzo para lograr una meta personal o pasajera, y se convierte en un medio de adoración. El objetivo ya no es: «*Me concentraré para sobresalir y conseguir mis metas*», sino: «*Hoy me esforzaré y disciplinaré mi mente y cuerpo no para que me vaya mejor a mí, sino porque quiero ser útil en el servicio a Jesús y amor a la iglesia. Hoy haré todo lo posible para autodisciplinarme, mortificando el pecado que hay en mí, pues quiero ser de mayor bendición para mi iglesia y para que las personas lleguen a conocer a Cristo*».

## El dominio propio por el bien del evangelio

Dominar nuestro cuerpo y mente para la gloria de Cristo y el bien de los demás no es fácil. Quizás podremos hacerlo sin problemas una hora, quizás un día no sea tan difícil para algunos. Pero esforzarse semana tras semana, mes tras mes, año tras año, buscando siempre el bien de los demás, no es un objetivo sencillo y se necesita un enorme esfuerzo de concentración. En 1 Corintios Pablo escribe acerca de cómo él enfrentaba la tarea difícil de vivir siempre buscando servir a los demás y anunciar el evangelio:

¿No saben que los que corren en el estadio, todos en verdad corren, pero *solo* uno obtiene el premio? Corran de tal modo que ganen. Y todo el que compite en los juegos se abstiene de todo. Ellos *lo hacen* para recibir una corona corruptible, pero nosotros, una incorruptible. Por tanto, yo de esta manera corro, no como sin tener meta; de esta manera peleo, no como dando golpes al aire, sino que golpeo mi cuerpo y lo hago mi esclavo, no sea que habiendo predicado a otros, yo mismo sea descalificado (1 Co. 9:24-27).

El apóstol comienza invitando a las personas a que imaginen un estadio de atletismo, que imaginen que suena el disparo y arrancan los atletas, todos compitiendo por puestos. Luego pregunta, ¿por qué corren? La respuesta es simple: para ganar, para recibir la tan preciada guirnalda de hojas de laureles que habrían otorgado al ganador en sus tiempos. Y con tal de ganar, los atletas estarían dispuestos a abstenerse de todo, a sacrificar años de su vida entrenando y perfeccionando su arranque y aceleración. Pero ¿cuánto tiempo duraría aquella corona de laureles y reconocimiento de ganador? Un momento, nada más. Ya sea por la llegada de otro campeón que le arrebata el título o porque con el paso del tiempo su nombre es olvidado, ninguna corona de hojas dura para siempre. Pablo llama al premio que estos atletas recibían una «corona corruptible» pues es fugaz y momentánea. Sin embargo, ellos se disciplinan y esfuerzan año tras año en su alimentación, régimen, horarios y actividades, con tal de ganar tan fútil distinción.

Pablo utiliza esta imagen para enseñarnos cómo deberíamos esforzarnos nosotros por «una corona incorruptible», una corona que, a diferencia de la hecha con hojas, no se marchita ni se seca, sino que perdurará eternamente. Si estos atletas estaban dispuestos a soportar tan imponente disciplina para obtener un reconocimiento breve, nosotros debemos esforzarnos, concentrarnos y disciplinarnos muchísimo más para lograr un mayor premio. Para estar seguros, Pablo no está animando a que compitamos unos con otros para ver quién obtiene mejor corona de gloria. Al contrario. Unos versículos atrás, él mismo escribió cuál era la recompensa que buscaba: «¿Cuál es, entonces, mi recompensa? Que al predicar el evangelio, pueda ofrecerlo gratuitamente sin hacer pleno uso de mi derecho *como predicador* del evangelio» (1 Co. 9:18). Pablo podía haber pedido que las personas lo apoyaran en su misión como apóstol (1 Co. 9:1-17), pero a fin de servir a los demás y que no hubiera nada que impidiera que escucharan el evangelio, alegremente se autodisciplinó y dejó pasar, incluso, lo que bien podía haber solicitado. Por causa de la proclamación del evangelio y el bien de los demás, Pablo prefirió el dominio propio aun cuando era una batalla ardua y larga, pues le importaba más el bien de su prójimo que su propia comodidad y seguridad. Esto fue así a tal grado que, incluso cuando era libre de hacer lo que quisiera, buscaba someter su voluntad a toda costa por la causa de Cristo. Como él lo escribe: «Aunque soy libre de todos, de todos me he hecho esclavo para ganar al mayor número posible [...] todo lo hago por amor del evangelio, para ser partícipe de él» (1 Co. 9:19, 23).

## Conclusión

Querido lector, en medio de este esfuerzo difícil por crecer en dominio propio, frecuentemente te harás la pregunta: «¿Por qué esforzarme tanto?». La respuesta del mundo es: «Esfuérzate para lograr tus sueños y que te vaya mejor». Pero el Nuevo Testamento nos dice algo distinto: «Esfuérzate porque tienes una misión mucho más gloriosa y trascendental que tu comodidad pasajera». Tienes la encomienda de parte de Dios de buscar siempre el bien de los demás y de anunciar el evangelio en todo lugar. Pero no te preocupes, no estás solo. Al ser rescatado por Cristo, Dios te ha dado su Espíritu para que puedas tener dominio propio y llevar a cabo tu misión sabiendo que te espera una recompensa incorruptible. ¡Ánimo!

# 8

# El dominio propio en la vida y teología de Juan Calvino

*ISRAEL GUERRERO*

Al mirar la historia de la Iglesia podemos encontrar un gran número de hombres y mujeres que, en el poder del Espíritu Santo, han experimentado el fruto del dominio propio. En otras palabras, estudiar la historia de la Iglesia es estudiar la historia de personas que al conocimiento le han añadido dominio propio:

> Por esta razón también, obrando con toda diligencia, añadan a su fe, virtud, y a la virtud, conocimiento; al conocimiento, dominio propio, al dominio propio, perseverancia, y a la perseverancia, piedad, a la piedad, fraternidad y a la fraternidad, amor (2 P. 1:5-7).

Esto lo podemos ver reflejado de distintas maneras y grados en la historia de la Iglesia. Es decir, la doctrina cristiana encontró su desarrollo y consolidación por medio de personas que contemplaban y vivían de acuerdo con lo que confesaban. De esta manera, la belleza doctrinal encuentra su expresión en la piedad de aquellos que al conocimiento teológico le añaden dominio propio.

Cuando hablamos del dominio propio nos referimos a una obra y fruto del Espíritu Santo que se ve expresado en el reconocimiento del señorío de Cristo en toda nuestra vida. En otras palabras, es un ejercicio de la piedad. Es interesante que la práctica de la piedad —*praxis pietatis*— fue un aspecto que la Reforma protestante desarrolló a partir de la Palabra de Dios sin desligarse de lo que Dios había estado obrando en todos los siglos anteriores. Es decir, los reformadores (y las generaciones posteriores) bebieron de fuentes patrísticas y medievales, aguas que fueron santificadas por la autoridad de la Palabra bajo la promesa de que las puertas del Hades nunca prevalecerán contra la Iglesia (Mt. 16:18). En resumen, toda doctrina bíblica —y en este caso, el tema del dominio propio— encuentra su formulación, desarrollo y aplicación en el contexto de la Iglesia. Es así como un estudio bíblico y teológico estará sanamente enriquecido en la medida en que consideremos esa gloriosa «nube de testigos» que ha ido creciendo por más de 2000 años (He. 12:1).

Hablar del dominio propio en la historia de la Iglesia tomaría muchas páginas y capítulos. Sin embargo, quisiera centrarme en un pastor cuya vida se cimentó y arraigó en lo que constituye el mismo fundamento para el dominio propio: la Palabra de Dios y el Espíritu de Dios. De la misma manera, el carácter de este pastor —llamado el «teólogo del Espíritu Santo»[1]— fue formado *en* la Iglesia. Y cuando me refiero a «en la Iglesia», significa tanto la congregación local como también la Iglesia universal a lo largo de los siglos. Este pastor también gustó de fuentes patrísticas y medievales para luego dar frutos en la iglesia local y universal.

---

1. B. B. Warfield, *Calvin and Augustine* [*Calvino y Agustín*] (Phillipsburg, NJ: Presbyterian & Reformed, 1956), pp. 484-485. Véase la transcripción del discurso en el que Warfield originalmente se refirió a Calvino como el «teólogo del Espíritu Santo» en B. B. Warfield, «Calvin as a Theologian» [«Calvino como un teólogo»], en *Thirdmill (Third Millennium Ministries)*, visitado el 23 de marzo de 2022, disponible en: https://thirdmill.org/magazine/article.asp/link/https:%5E%5Ethirdmill.org%5Earticles%5Ebb_warfield%5EWarfield.Calvin.html/at/Calvin%20as%20a%20Theologian%20and%20Calvinism%20Today.

A continuación exploraremos el concepto del dominio propio y la formación del carácter de acuerdo con la teología de la vida cristiana en Juan Calvino (1509–1564), con especial atención a lo ocurrido entre los años 1536 y 1539. Ahora, ¿por qué esos años? Porque en 1536 Calvino publicó la primera edición de su obra magna: la *Institución de la religión cristiana*, mientras que en 1539/1541 publicó la segunda edición en latín y francés, respectivamente. Es interesante notar que un nuevo capítulo aparece en la segunda edición: *De Vita Hominis Christiani* [*Sobre la vida del hombre cristiano*]. En otras palabras, Calvino escribe sobre «la vida cristiana», es decir, sobre algo que había aprendido y siguió aprendiendo hasta su muerte. Es significativo que esto incluía la formación del carácter y el dominio propio, un aspecto que estará fuertemente ligado a su trabajo por la unidad de la Iglesia.

## La vida cristiana de Juan Calvino

El reformador francés nació en 1509, cuando Martín Lutero (1483–1546) tenía casi 26 años. En 1528, Calvino comenzó a estudiar leyes. Tres años más tarde, viajó a París para consolidar sus estudios. Su padre murió ese mismo año. A pesar de enfocar sus esfuerzos en los estudios académicos, algo ocurrió alrededor del año 1533: Calvino experimentó una «súbita conversión» por parte de Dios. Si bien no destinó muchas palabras a esta experiencia, en el prefacio a su comentario a los Salmos (1557) indicó que Dios llevó y sometió su mente a ser más enseñable. De la misma manera, y luego de estar imbuido con un «gusto de la verdadera piedad» (*verae pietatis gustu imbutus*), Calvino describió lo siguiente: «inmediatamente fui inflamado con un deseo tan intenso de progresar [en la piedad], que, aunque no dejé del todo los otros estudios, los perseguí con menos ardor».[2] De esta manera, Dios utilizó su erudición académica

---

2. John Calvin, *Commentary on the Book of Psalms* [*Comentario del libro de Salmos*], traducido [al inglés] por James Anderson, vol. 1 (Edinburgh: Calvin Translation Society, 1845), pp. xl–xli. A menos que se indique, todas las traducciones de este capítulo fueron realizadas por un servidor.

para servir a la Iglesia a través de «uno de los pocos libros que han afectado profundamente el curso de la historia».[3] En 1536, la *Institución de la religión cristiana* vio la luz. Vemos un claro objetivo de esta obra en su prefacio al rey Francisco I, donde Calvino manifiesta su deseo de instruir en la «verdadera piedad».

Hay una aplicación directa de la piedad en el momento en que renuncia a la posibilidad de estudiar y escribir en un «ambiente de paz». Calvino dio a conocer el dominio propio cuando aceptó el llamado a pastorear en la ciudad de Ginebra, Suiza, bajo la siguiente advertencia de Guillermo Farel (1489–1565): «Te digo, en nombre del Dios todopoderoso, que, si solamente te ocupas de tus estudios, y no nos ayudas a llevar a cabo la obra de Dios, Él te maldecirá, porque estás buscando tu propia gloria y no la de Cristo». Ante estas palabras, Calvino nos dice: «Sentí [...] como si Dios hubiera puesto sobre mí su poderosa mano para detenerme [...] estaba tan lleno de terror que desistí del viaje que había comenzado [...] Farel me detuvo en Ginebra».[4]

Por supuesto que estudiar y escribir no son asuntos pecaminosos. Sin embargo, si queremos que esto sea para la gloria de Dios, se debe realizar bajo la voluntad de Dios. En este caso particular, los estudios y escritos dedicados a la edificación de la Iglesia no podían realizarse en la simple comodidad del escritorio, sino en el contexto de estar involucrado en el trabajo activo de la edificación de la iglesia[5], lo que implicaba sangre, sudor y lágrimas de alegría y sufrimiento. Esto perfectamente se puede aplicar en nuestros contextos. Es decir, el estudio teológico —cuyo fin es la gloria de Dios— siempre será más fructífero en

---

3. John T. McNeill, *The History and Character of Calvinism* [*La historia y carácter del calvinismo*] (Oxford: Oxford University Press, 1954), p. 119.

4. Thea B. Van Halsema, *Así fue Calvino* (Grand Rapids: TELL, 1965), pp. 91-92. Para los interesados en la vida de Calvino, les recomiendo el libro de Van Halsema.

5. Entiéndase la iglesia local, por eso no se coloca en mayúscula. Cuando se hace referencia a la Iglesia universal, se escribe con mayúscula.

la medida en que más involucrado estemos en nuestras iglesias locales. El dominio propio nos lleva directamente a mortificar todo intento de estudiar y enseñar teología apartados del cuerpo de Cristo. De la misma manera, el estudio y pastoreo de las almas no está ligado solamente a una buena formación bíblica y teológica, sino también al carácter del pastor. En este último punto, Calvino tenía que seguir aprendiendo a partir de unos problemas que se generaron en Ginebra.

El objetivo de Farel y Calvino fue la consolidación de la reforma en Ginebra. Esto se fue realizando a través de la predicación del evangelio, como también por medio de la presentación de Artículos que sirvieran para la organización de la iglesia. Estos Artículos —que trataban sobre la frecuencia de la Santa Cena, la disciplina, los catecismos, la adoración y las leyes matrimoniales— fueron presentados a las autoridades civiles en 1537. Sin embargo, la forma en que los autores interpretaban el texto nos muestra dos perspectivas que se contrastan. Tal como menciona Bruce Gordon, cuando los Artículos mencionan palabras como «pureza», para Farel significaba «preservar al pueblo de la contaminación de la religión papista», mientras que Calvino entendía este término como algo más cercano a «una cualidad de espiritualidad interna». Esto incluso daba a conocer la diferencia en las personalidades; Farel «era el profeta de la oposición, mientras Calvino tendía hacia la edificación de la Iglesia».[6]

El proceso de reforma de la iglesia en Ginebra se vio obstaculizado debido a confrontaciones con el gobierno civil y el pueblo. Por un lado, algunas personas rehusaban tomar un juramento donde adoptaban la nueva confesión reformada bosquejada por los predicadores. Por otro lado, Farel y Calvino se oponían a que el magistrado civil tuviera la autoridad para determinar quién

---

6. Bruce Gordon, *Calvin* [*Calvino*] (New Haven: Yale University Press, 2011), p. 72. A pesar de la diferencia de personalidades, es importante recordar que Guillermo Farel fue clave en la predicación del evangelio y la consolidación de la reforma en Ginebra. Sin duda alguna, su teología y vida —al igual que la de Juan Calvino— merecen más estudios en círculos hispanohablantes.

participaba de la Santa Cena, además de imponer una liturgia que no era del agrado de Farel y Calvino. Encima de esto, Calvino adoptó un tono más confrontacional en sus escritos, evidenciando la influencia de Farel en su vida. Finalmente, la controversia se agudizó al punto de ser expulsados de Ginebra. En 1538, Farel y Calvino tomaron distintos rumbos. El primero se dirigió a Neuchâtel, mientras que Calvino, luego de pasar por Basilea, se estableció en Estrasburgo. Fue en ese lugar donde el corazón del pastor continuó siendo moldeado conforme al corazón del Buen Pastor, Jesucristo.

En Estrasburgo, Calvino comenzó a pastorear a una comunidad de franceses. Este pastoreo se dio en la medida en que al mismo tiempo Calvino era pastoreado por Martín Bucero (1491–1551). De hecho, «los tres años en Estrasburgo cambiaron a Calvino».[7] La influencia de Bucero y sus amigos fue de gran ganancia para él. Esto fue importante para desarrollar el dominio propio, en especial cuando a veces el temperamento de Calvino no ayudaba en la edificación de la iglesia.[8] En esta misma línea, Bucero lo ayudó a ver algo esencial en la reforma de toda iglesia que Calvino —y cada uno de nosotros— tenía que aprender: la predicación del evangelio de la gracia está directamente ligada al carácter evangélico y lleno de gracia del predicador. Calvino no solamente tenía que predicar todo el consejo de Dios, sino también aprender a ser «paciente» y «flexible» con aquellos que tenían opiniones distintas a él.[9] De esta manera, la gracia de Dios lo llevó a reconocer su pecado, tal como vemos en una carta escrita

---

7. Gordon, *Calvin* [*Calvino*], p. 85.
8. De hecho, a comienzos de 1538 y antes de ir a vivir en Estrasburgo, Calvino envió una carta a Bucero que, según Bruce Gordon, revelaba un temperamento con falta de templanza. La respuesta de Bucero a Calvino mostraba que una determinada situación se había realizado a partir del amor. Según Gordon, el efecto de la carta en Calvino «fue devastador. Luego de leer la respuesta de Bucero, él quedó estupefacto y humillado por su excesivo orgullo» al punto de no dormir por tres días. Véase Gordon, *Calvin* [*Calvino*], p. 76. Sin duda alguna, Calvino seguiría aprendiendo en el camino de la humildad.
9. Véase Gordon, *Calvin* [*Calvino*], pp. 92-93.

desde Estrasburgo el 1 de octubre de 1538. La carta dirigida a la iglesia en Ginebra nos dice lo siguiente:

> No dudo que [Dios] nos ha humillado de esta manera para hacernos reconocer nuestra ignorancia, nuestra imprudencia y aquellas debilidades que, por mi parte, siento en mí mismo, y no tengo dificultad en confesar ante la Iglesia del Señor.[10]

En resumen, el dominio propio está profundamente ligado a la humildad y al reconocimiento de nuestros pecados. Fue en este contexto que Calvino escribió la segunda edición de la *Institución*, y en el último capítulo —*de la vida cristiana*— muestra el fruto e influencia de su amistad con Bucero.[11]

## La teología de la vida cristiana en Juan Calvino

Luego de considerar de manera muy breve el contexto histórico, creo que haríamos un buen ejercicio al responder la siguiente pregunta: ¿cómo podríamos crecer en santidad y así desarrollar la templanza o dominio propio? Para esto, quisiera enumerar algunos puntos extraídos del capítulo sobre la vida cristiana de la segunda edición de la *Institución de la religión cristiana*.

*En primer lugar*, debemos entender que «la santidad es el propósito de nuestro llamado» y que, al estar reconciliados con el Padre, Cristo nos es dado como «modelo de inocencia, cuya imagen debe ser reflejada en nuestras vidas».[12] Sin santidad, «nadie

---

10. Jules Bonnet, *Letters of John Calvin* [*Cartas de Juan Calvino*], vol. 1 (Logos Bible Software, 2009), p. 86.
11. McNeill, *The History and Character of Calvinism* [*La historia y carácter del calvinismo*], p. 126.
12. John Calvin, *Institutes of the Christian Religion* [*Institución de la religión cristiana*], traducido de la primera edición de 1541 en francés por Robert White (Edinburgh: The Banner of Truth Trust, 2014), p. 787. De aquí en adelante Calvin, *Institutes*. Todas las palabras en latín corresponden a Ioanne Calvino, *Institutio christianae religionis* [*Institución de la religión cristiana*] (Strassburg: Wendelinum Rihelium, 1539).

verá al Señor» (He. 12:14). Lo esencial en la vida cristiana —y en especial cuando se trata de nuestro carácter— es comprender de manera experiencial que el mismo Cristo que nos es dado para nuestra justificación, es dado para nuestra santificación. En Cristo hemos sido justificados, y es en Cristo donde continuamente somos santificados. Si ya no hay más condenación en Cristo, entonces debemos vivir en constante imitación de nuestro Señor Jesús.[13]

*En segundo lugar*, debemos ser conscientes de que la teología de la vida cristiana no es algo que se queda meramente en unas páginas o en nuestros labios. La teología es para toda la vida. En palabras de Calvino: «el evangelio es enseñanza dirigida no para la lengua, sino para la vida». La enseñanza cristiana no debe quedar solamente en la memoria o mente, también «debe tomar completa posesión del alma y debe encontrar su asiento y hogar en lo profundo del corazón».[14]

*En tercer lugar*, el punto anterior nos lleva a entender dos cosas. La práctica del dominio propio implica que no somos nuestros y que, si somos del Señor, lo hacemos todo para su gloria al entender que es con Dios con quien estamos tratando. Recordemos que «no nos pertenecemos: no dejemos que la razón o la voluntad determinen nuestros planes o las cosas que necesitamos hacer». El dominio propio es cultivado negándonos a nosotros mismos. Una vez que esta negación es una realidad en nuestro corazón, «la arrogancia, orgullo [...] son las primeras cosas que se van».[15]

En *cuarto lugar*, la práctica del dominio propio —en el contexto de negarnos a nosotros mismos— nos lleva a entender que los dones que hemos recibido, no son nuestros, sino que son para

---

13. Con respecto al tema de la imitación de Cristo, véase «Herman Bavinck y el orgullo: El orgullo y la humildad en la ética reformada» en Daniel Puerto y Josué Pineda Dale, eds., *El orgullo: La batalla permanente de todo hombre* (Grand Rapids: Editorial Portavoz, 2021), pp. 123-129.

14. Calvin, *Institutes* [*Institución*], p. 788.

15. *Ibíd.*, p. 791.

ser donados a la iglesia. Según Calvino, «cada don que hemos recibido del Señor nos ha sido confiado (o consignado) bajo esta condición, que lo usemos para el bien común de la iglesia. Tales dones son usados correctamente cuando se comparten libremente y en amor con nuestro prójimo». De la misma manera, el piadoso debe ocupar toda su fuerza «por la causa de sus hermanos, sin hacer provisión especial para sí mismo, sino siempre pensando en el bien general de la iglesia».[16] Es importante mencionar que el amor no está limitado a aquellos que pertenecen al cuerpo de Cristo, sino a cada persona. El fundamento de esto es que cada ser humano ha sido creado a imagen de Dios. En otras palabras, «la imagen de Dios (*imaginem Dei*) que está en todos nosotros, merece todo nuestro respeto (*honoris*) y amor (*dilectionis*)». Esto debe ser especialmente reconocido entre los cristianos, porque esta imagen es renovada y restaurada por el Espíritu de Cristo.[17]

*Finalmente*, la vida en Cristo nos enseña dos cosas: a no despreciar este mundo y, a la vez, anhelar la vida en la eternidad. Calvino nos enseña que «los creyentes no deben desarrollar un desprecio por la vida presente que produce odio por esta o ingratitud hacia Dios [...] es aquí donde comenzamos a probar cuán dulce es su bondad en las bendiciones que nos otorga». De la misma manera, «en vista de las muchas miserias de la vida», los cristianos debemos «meditar en la vida venidera [...] porque si el cielo es nuestro hogar, ¿qué más es la tierra sino un lugar de exilio y destierro?». Es una correcta perspectiva de la eternidad la que nos lleva a ser diligentes con nuestras vocaciones aquí en la tierra. De hecho, así va terminando este capítulo y segunda edición de la *Institución*: «Dios ordena a cada uno de nosotros considerar su llamado (*vocationem*) en cada acto de la vida».[18]

---

16. *Ibíd.*, p. 794.
17. *Ibíd.*, p. 795.
18. *Ibíd.*, p. 821.

## Conclusión

El dominio propio es un fruto del Espíritu que demuestra quién domina nuestros corazones. En el caso del cristiano, es Cristo mismo. Pienso que nuestras iglesias podrán ser grandemente edificadas si aplicamos algunos principios que nos muestra la teología de Calvino, en especial cuando entendemos la profunda relación que existe entre el estudio teológico, el trabajo pastoral y el corazón de los pastores y creyentes.

Nuestros contextos no solamente necesitan una buena teología y una buena predicación, sino también hombres y mujeres que vivan de acuerdo con lo que confiesan. Esto quiere decir que el carácter —y el dominio propio— son clave en el continuo estudio teológico, así también en el continuo crecimiento ministerial. La misma sublime gracia de la cual cantamos debe llenar nuestros corazones para que con gracia prediquemos y vivamos de acuerdo con todo el consejo de Dios.

Finalmente, creo que una buena manera de crecer en el dominio propio es reconociendo cuando hemos pecado contra los hermanos de nuestra iglesia local, así también contra los hermanos de la Iglesia universal, en especial cuando despreciamos a otras denominaciones cristianas. Debido a esto, es tiempo de dar tus dones a todo el cuerpo de Cristo —y a todo aquel que cruce tu camino—, y así ser de edificación a todos aquellos que fueron creados a imagen de Dios. Para que esto sea en una sana actitud, debes, en primer lugar, entregar todo tu corazón a tu Señor (*Dominus*) y decir junto con Calvino: «Mi corazón a ti te ofrezco, Señor, pronta y sinceramente» («*Cor meum tibi offero, Domine, prompte et sincere*»).[19]

---

19. Para una explicación pastoral de la frase de Calvino véase Joel R. Beeke, *The Soul of Life: The Piety of John Calvin* [*El alma de la vida: La piedad de Juan Calvino*], introducido y editado por Joel R. Beeke (Grand Rapids: Reformation Heritage Books, 2009), p. 31.

# 9

# El dominio propio y tu tiempo

*DOUGLAS TORRES*

Como ya se ha dicho, el dominio propio se refiere al autocontrol, a ser dueño de uno mismo y a la sujeción de la voluntad en el poder del Espíritu Santo. En los capítulos anteriores se ha hablado del fundamento, del raciocinio y de lo que conlleva tener dominio propio, así como de las consecuencias de no ejercerlo. Habiendo puesto ese fundamento, es necesario entender cómo podemos aplicar el dominio propio a diferentes esferas de nuestra vida. Este capítulo será el primero de una serie de capítulos con aspectos prácticos en la vida del hombre cristiano en su lucha por tener y ejercer el dominio propio.

Con lo anterior en mente, es importante considerar si el uso del tiempo tiene que ver con el dominio propio o autocontrol. En otras palabras, ¿es posible afirmar tener dominio propio, y a la vez desperdiciar nuestro tiempo en cosas vanas? Según J. Oswald Sanders, es importante ejercer dominio sobre nuestro tiempo: «La calidad del liderazgo de una persona depende de lo que sucede durante el tiempo. El carácter y la carrera de un joven dependen de cómo usa el tiempo libre».[1] A continuación veremos una explicación lógica, una explicación bíblica y una explicación práctica de la relación existente entre el dominio propio y el tiempo.

## Explicación lógica: ¿Qué tiene que ver el tiempo con el dominio propio?

Es natural que, al meditar sobre el tiempo, pensemos en la duración de las cosas. Es natural traer a la memoria segundos, minutos, horas, días, meses o años. El tiempo tiene que ver con la duración de hechos, acciones o acontecimientos. Por ejemplo, ahora mismo estoy llevando a cabo la acción de escribir y, mientras esto ocurre, el tiempo ha estado presente, dándome la duración de lo que hago. Así mismo, en este momento estás leyendo y el tiempo está pasando; está midiendo la duración de lo que haces.

Quizás te preguntes: ¿qué tiene que ver esto con el dominio propio? Entendiendo que el dominio propio tiene que ver con el control de nuestra voluntad, es decir, con lo que hacemos, y que el tiempo tiene que ver con la duración de los hechos, es decir, la duración de lo que hacemos, podemos entonces comprender la relación estrecha entre ambos. El tener dominio sobre lo que hago está intrínsecamente relacionado también con la duración de lo que hago. Van de la mano. En pocas palabras: no se puede tener dominio propio sin tener control o dominio del tiempo. No se puede controlar lo que hacemos si no controlamos la duración de las cosas que hacemos o cuándo las hacemos.

Dios nos manda a tener dominio propio (2 P. 1:5-6),[2] así como a administrar bien el tiempo (Ef. 5:15-17). Entonces, tener control sobre lo que hacemos (dominio propio), nos llevará a

---

1. J. Oswald Sanders, *Liderazgo espiritual* (Grand Rapids: Editorial Portavoz, 1995), p. 96.

2. Para conocer más acerca de por qué debemos cultivar el dominio propio, véase el capítulo 2 de Santiago Armel: «¿Por qué debes cultivar el dominio propio?», así como el capítulo 6 de Lucas Alemán: «El dominio propio en el Antiguo Testamento», y el capítulo 7 de Alberto Solano: «El dominio propio en el Nuevo Testamento».

controlar la duración de lo que hacemos (tiempo). Expresado en orden diferente, controlar la duración de lo que hacemos hará que tengamos control sobre lo que hacemos. Es el mismo resultado desde ambas perspectivas. El pastor John MacArthur, hablando a líderes, dice lo siguiente:

Si no tienes control de tu tiempo, no lo tendrás de ningún aspecto de tu vida. Y si no operas deliberadamente en un horario que hayas planeado, tu vida será gobernada por crisis y personas problemáticas. Tú no puedes ser un líder efectivo si siempre estás a merced de las cosas que están fuera de tu control.[3]

Cuanto más dominio propio tengamos, mejor administraremos el tiempo y viceversa. Si queremos crecer en dominio propio, debemos buscar crecer en la administración del tiempo.

### Explicación bíblica: ¿Qué base bíblica podemos dar en lo referente al tiempo y el dominio propio?

La Biblia habla con claridad acerca de la administración del tiempo, a saber, el dominio sobre el tiempo. Efesios 5:15-17 dice: «Por tanto, tengan cuidado cómo andan; no como insensatos sino como sabios, aprovechando bien el tiempo, porque los días son malos. Así pues, no sean necios, sino entiendan cuál es la voluntad del Señor». También Colosenses 4:5 afirma la misma idea: «Anden sabiamente para con los de afuera, aprovechando bien el tiempo».

En estos pasajes, el apóstol Pablo usa el término «καιρός (*kairos*)», para referirse al tiempo. Es un término en griego que se refiere a una «ocasión», una «oportunidad», o a «hacer buen

---

3. John MacArthur, *Called To Lead: 26 Leadership Lessons from the Life of the Apostle Paul* [*Llamado a liderar: 26 lecciones del liderazgo de la vida del apóstol Pablo*] (Nashville, TN: Grupo Nelson, 2004), p. 154.

uso de una oportunidad».[4] El apóstol estaba refiriéndose a algo más intencional que simplemente un período de horas, minutos o segundos. Sí, Dios quiere que hagamos buen uso del tiempo, pero, más que tiempo cronológico, nos da tiempos oportunos, ocasiones u oportunidades que debemos aprovechar al máximo. A continuación, reflexionaremos en cinco aspectos de la buena administración del tiempo.

*En primer lugar*, administrar bien el tiempo es una forma de cuidar nuestra vida cristiana. Esto es lo primero que Pablo resalta en el pasaje de Efesios. Nos exhorta a cuidar nuestro andar, es decir: a andar con cuidado (Ef. 5:15a). Debemos hacer un uso adecuado de las oportunidades que tenemos para andar con cuidado y obedecer lo que Dios manda en su Palabra.

*En segundo lugar*, administrar bien el tiempo es una manifestación de sabiduría: debemos andar «como sabios» (Ef. 5:15b). Esa sabiduría se expresa cuando vivimos «aprovechando bien el tiempo» (Ef. 5:16a). No queremos vernos «como insensatos» (Ef. 5:15b), siendo imprudentes, faltos de razonamiento e irresponsables.[5] El sabio es aquel que tiene autocontrol y que, en consecuencia, administra correctamente el tiempo —cada oportunidad que tiene—; mientras que el necio simplemente lo desperdicia.

*En tercer lugar*, administrar bien el tiempo es necesario por el mundo en que vivimos. «Los días son malos» (Ef. 5:16b), porque vivimos en un mundo caído que está bajo el maligno, que a lo bueno llama malo y a lo malo llama bueno (Is. 5:20) y que, en consecuencia, se opone a la luz, al Señor y a su Iglesia. Por eso, no hay tiempo que perder. Hagamos buen uso de las oportunidades

---

4. James Swanson, *Dictionary of Biblical Languages with Semantic Domains: Greek (New Testament)* [*Diccionario de idiomas bíblicos con dominios semánticos: Griego (Nuevo Testamento)*] (Oak Harbor: Logos Research Systems, Inc., 1997), «καιρός».

5. El término que se traduce como «insensatos» es «ἄσοφος» (*asophos*) y quiere decir «necio, falto de sabiduría». *Ibíd.*, «ἄσοφος».

que Dios nos da para hacer el bien, dar testimonio, honrar a Dios y vivir vidas sabias. *En cuarto lugar*, administrar bien el tiempo es una evidencia de comprender la voluntad de Dios. En línea con la idea de ser sabios y no insensatos, debemos entender «cuál es la voluntad del Señor» (Ef. 5:17). No aprovechar bien el tiempo es insensato, ya que no comprendemos la voluntad de Dios para nuestras vidas. Es el deseo de Dios que comprendamos su voluntad, seamos sabios y sensatos, ejerzamos dominio propio, y así controlemos mejor nuestro tiempo.

*En quinto lugar*, administrar bien el tiempo es una forma de dar testimonio. Esto es importante. Como se mencionó al principio de esta sección y, en sintonía con los versículos anteriores en Efesios 5, Pablo dice también que andar «sabiamente para con los de afuera» es aprovechar «bien el tiempo» (Col. 4:5). Nótese cómo de nuevo el aprovechamiento del tiempo está ligado a la sabiduría y viceversa. El sabio aprovecha las oportunidades dadas por Dios para glorificarlo. Por eso, una vida sabia será sin duda un canal para aprovechar toda oportunidad de predicar a Cristo. Si cuidamos nuestro comportamiento, cuidaremos el tiempo, y todo esto será un testimonio visible para quien no tiene a Cristo.

### Explicación práctica: ¿Cómo administrar bien el tiempo para crecer en dominio propio?

*Para comenzar*, debemos reconocer que a menudo perdemos el tiempo. Si somos sinceros nos daremos cuenta de que no siempre hacemos un uso adecuado del tiempo que Dios nos da. Seamos honestos y reconozcamos que hay cosas que innecesariamente nos están robando el tiempo: tiempo en comunión con Dios, tiempo en su Palabra, tiempo con la familia, tiempo con la iglesia, en fin: tiempo valioso. No permitamos que las redes sociales, la televisión o los deportes nos sigan robando algo valioso que Dios nos ha dado para administrarlo para su gloria.

*En segundo lugar*, debemos reflexionar sobre nuestro tiempo y la manera en que hacemos uso del mismo. Dios ha establecido el tiempo de nuestras vidas (Stg. 4:13-17; Ec. 8:8). Como soberano, Él tiene el tiempo a su disposición y en su voluntad establece nuestros límites aquí en la tierra. Recordemos que la vida es más corta de lo que creemos. Por eso debemos comprender que el tiempo o las oportunidades son para hacer el bien (Gá. 6:10). Al mismo tiempo, como parte de esa reflexión, debemos darnos cuenta de que ciertas pérdidas de tiempo pueden ser pecaminosas. De ser ese el caso, debemos arrepentirnos y pedir perdón a nuestro Señor. Pero también, tal como Daniel Puerto lo expresó en el primer capítulo[6] con base en 1 Corintios 9:24-27, un atleta debe abstenerse «de todo» si quiere ganar. Es un sacrificio. Por eso el cristiano debe abstenerse de aquello que lo pueda perjudicar en su caminar y crecimiento espiritual. Al respecto, el pastor Miguel Núñez comenta lo siguiente:

> Gran parte del tiempo mal usado se debe a malas decisiones. En ocasiones puedes ver la televisión y, aunque esto en sí no es pecaminoso, quizás esas horas pudieron haberse empleado en estudiar, en preparar un examen o en estar con la familia; has perdido el tiempo [...] El mal uso del tiempo, frente a la televisión en detrimento de tu familia o del mensaje que vas a predicar el domingo, se convierte en pecaminoso porque alguien sufrió las consecuencias de ese tiempo perdido.[7]

Ciertamente, el estándar es alto, puesto que «a aquel [...] que sabe hacer *lo* bueno y no lo hace, le es pecado» (Stg. 4:17).

En vista de la reflexión anterior, debemos comprender que todo tiene su tiempo y, por lo tanto, debemos actuar en consecuencia

---

6. Véase página 28 para encontrar una explicación completa acerca de cómo se preparaban los atletas.
7. Miguel Núñez, *De pastores y predicadores* (Nashville, TN: B&H, 2019), pp. 77-78, edición Kindle.

(Ec. 3:1-8). Cuando se habla de darle buen uso al tiempo, no se trata de no descansar, ni de privarse de entretenimiento alguno. Todo esto es necesario, pero en su tiempo. Sin embargo, debemos tener la capacidad de discernir el tiempo adecuado para cada cosa. Administrar bien nuestro tiempo nos ayudará a moldear nuestro carácter y, como consecuencia, nuestro dominio propio. Al mismo tiempo, podremos darle prioridad a lo que merece prioridad. Esto nos permitirá disfrutar de lo que debemos disfrutar, hacer lo que debemos hacer y dejar de perder tiempo que nunca podremos recuperar:

El tiempo que se perdió ayer ya no se recobra. Puedes perder mil dólares y recobrarlos el día de mañana, en una semana o en un mes, pero el tiempo que no invertiste en tu formación no lo puedes recobrar. Puedes hacer hoy lo que no hiciste ayer; pero si lo hubieras hecho ayer, hoy estarías construyendo sobre lo que hiciste ayer.[8]

*En tercer lugar*, debemos organizar nuestra vida. Comencemos estableciendo prioridades. Demos orden a nuestra vida de acuerdo a lo prioritario: Dios, la familia y luego el trabajo y el ministerio. De esta manera será más fácil saber en qué invertir el tiempo y nos ayudará a establecer límites adecuados. Por igual, debemos poner en orden nuestros compromisos. En otras palabras: planifiquemos, hagamos listas y prioricemos. Esto nos ayudará a no improvisar tanto y hacer más eficientes nuestros días. Asegurémonos de incluir tiempos de descanso y entretenimiento. Por último, debemos aprender a decir «no». Si tenemos claras nuestras prioridades y compromisos, sabremos qué debemos y podemos hacer. Con toda seguridad es mejor decir «no», que decir «sí» y no cumplir, o decir «sí» y por ello hacer a un lado algo que era prioritario.

---

8. *Ibíd.*, p. 66, edición Kindle.

*En cuarto lugar*, hagamos un compromiso. Reconozcamos la necesidad de la buena administración del tiempo —de tener dominio propio. Atrevámonos a actuar. Es de valientes hacer compromisos y estar dispuestos a cumplirlos. Nunca es tarde. Dependamos del Señor en oración y humildad, y tomemos la decisión de aprovechar el tiempo como Dios quiere que lo hagamos.

*En quinto lugar*, autoevaluémonos. Esto va de la mano con el punto anterior. Examinemos nuestro andar constantemente. Detengámonos y pensemos en cómo estamos usando nuestro tiempo. Con sinceridad veamos si nuestras prioridades y compromisos están alineados con la realidad. Seamos sinceros en nuestro análisis, de tal manera que nuestro Dios sea agradado al hacerlo. John MacArthur, hablando de Melanchton dice: «El gran reformador del siglo dieciséis Felipe Melanchton mantenía un registro escrito de todos los momentos desperdiciados y presentaba la lista a Dios como parte de su confesión al final de cada día. No es de extrañarse que Dios le haya usado de una manera tan poderosa».[9]

*En sexto lugar*, no desmayemos. ¡Prohibido renunciar! No nos desanimemos. Sigamos adelante. No importa cuántas veces fallemos, debemos seguir intentándolo. Recordemos que, tal como vimos en el capítulo 4,[10] es posible tener dominio propio. No somos los primeros ni los últimos que tropiezan buscando administrar bien el tiempo para así crecer en dominio propio. Recordemos que otros han recorrido este terreno antes que nosotros y han terminado la carrera.

*Por último*, recuerda que no estamos solos: como hermanos en Cristo nos tenemos los unos a los otros, pero mucho más importante, si eres hijo de Dios, si eres un hombre renovado, el Señor está contigo.

---

9. John MacArthur, *Efesios, Comentario MacArthur del Nuevo Testamento* (Grand Rapids: Editorial Portavoz, 2002), p. 276.
10. Véase capítulo 4: «¿Es posible tener dominio propio?», por Heber Torres.

## Conclusión

El dominio propio y el tiempo están estrechamente relaciona-
dos, de tal manera que si buscas crecer en dominio propio, debes
crecer en aprovechar bien el tiempo. Al hacer esto honrarás
más a Dios, respetarás tus prioridades, cumplirás con tus compromisos, serás más organizado en tu vida personal, familiar,
laboral y ministerial, y tu ejemplo servirá de testimonio incluso
a aquellos que aún no creen. Aprovecha bien el tiempo; no hay
tiempo que perder.

# 10

## El dominio propio y tu lengua

### ADRIÁN SEBASTIÁN WINKLER

Hay muchas áreas sobre las que debemos ejercer dominio. En el capítulo anterior vimos la estrecha relación que hay entre el dominio propio y el tiempo. En este capítulo trataremos de entender la importancia de tener dominio sobre lo que hablamos. ¡Cuánto poder hay en lo que decimos! Cada palabra que pronunciamos tiene impacto, tanto en quien la oye, como en nosotros mismos. El libro de Proverbios nos enseña que «muerte y vida están en poder de la lengua» (Pr. 18:21). Y de la misma manera, el libro de Santiago nos recuerda que la lengua, a pesar de su tamaño pequeño, tiene un gran poder (Stg. 3:5). Por esa sencilla razón, debemos tener mucho cuidado.

Nuestras palabras son importantes. Esta es una realidad que ningún hombre debe desconocer. Lo que decimos tiene impacto eterno; por ejemplo, recordemos que el Señor Jesús dijo que los hombres daremos cuenta en el juicio de toda palabra ociosa —«vana»— que hayamos dicho (Mt. 12:36-37). Por eso los hombres de Dios ruegan a Él para que los ayude a no deshonrarle con su hablar (Sal. 141:3). Si usamos bien nuestras palabras, edificamos y alentamos a nuestro prójimo; además, honramos y glorificamos a nuestro Señor. Pero si las usamos sin la gracia del evangelio pueden ser un instrumento de destrucción: hiriendo, lastimando y provocando dolor, división y conflicto.

Algunos consideran que hay valor y virtud en decir lo que piensan, que es indicativo de honestidad y sinceridad; pero la realidad es que, en muchas ocasiones, no es más que una manera de excusar palabras hirientes y descontroladas. No debe ser así con un hijo de Dios. Necesitamos tener dominio propio sobre nuestra lengua. Es más, la mayor expresión de dominio propio es una lengua bajo control (Stg. 3:2). La lengua es el miembro de nuestro cuerpo más difícil de domar. Entonces, si podemos tener dominio propio sobre nuestras palabras, podemos tener dominio propio sobre todo lo demás.

## Consecuencias de una lengua sin control

*Una lengua sin dominio propio habla mucho.* Esta quizás sea una de las evidencias más claras de que necesitamos dominar nuestro hablar. Quien habla demasiado hace evidente su necedad, pero poder refrenar nuestra lengua es una evidencia de sabiduría (Pr. 10:19). El que mucho habla, mucho habla de sí mismo. Una lengua que no tiene dominio propio suele ser usada para la autoexaltación y, a veces, para criticar a otro. También es cierto que, cuando hablamos mucho, estamos haciendo evidente que no queremos escuchar. Escuchar al otro, al hermano, es una de las evidencias más grandes del amor que el Señor pone en nosotros hacia los demás. David Mathis, en su libro *Hábitos de gracia*, habla de lo importante que es para la vida de la iglesia aprender a escuchar. Citando a Bonhoeffer, dice que «el comienzo del amor a los hermanos es aprender a escucharlos».[1] Y aún más, si no queremos escuchar a los demás, tampoco queremos escuchar a Dios. En palabras de Bonhoeffer:

---

1. David Mathis, *Hábitos de gracia* (Grand Rapids: Proyecto Nehemías, 2017), p. 165.

El dominio propio y tu lengua

Aquel que no puede escuchar a su hermano pronto dejará de escuchar también a Dios; no estará haciendo otra cosa que parlotear en la presencia de Dios. Este es el comienzo de la muerte en la vida espiritual [...]. Cualquiera que piense que su tiempo es demasiado valioso como para guardar silencio finalmente no tendrá tiempo para Dios ni para su hermano, sino solo para sí mismo y para sus propias tonterías.[2]

Por lo tanto, uno de los primeros aspectos que debemos considerar para examinar nuestro hablar es este. ¿Cuánto hablo? ¿Soy yo mismo el tema favorito de mi conversación? ¿Tengo un corazón inclinado a escuchar?

*Una lengua sin dominio propio lastima.* Una palabra hiriente duele más que un golpe en la cara. Nuestras palabras pueden dejar heridas profundas en el corazón de los demás. Si no somos cautos al hablar, nuestras palabras pueden causar dolor en nuestro prójimo. Dice el libro de Proverbios que nuestras palabras pueden ser «como golpes de espada» (Pr. 12:18). Para entender esto basta con pensar en frases que el ser humano dice en ocasiones, palabras que son como estocadas al corazón de quien las recibe: «Eres un inservible, no mereces que nadie te ame, hubiera sido mejor que no nacieras, tu existencia es una molestia, te odio, no te quiero cerca de mí, aquel es mejor que tú». En definitiva, duras palabras para escuchar, a veces dichas de manera explícita, otras veces de manera más sutil, pero siempre dolorosas.

*Una lengua sin dominio propio crea conflicto y disensión.* Este flagelo únicamente trae difamación, murmuración, injurias o calumnias. Una lengua fuera de control únicamente hará derramar su ponzoña. En última instancia causa dolor. Aunque esto pueda parecer extremo, verdaderamente es un riesgo. Por otro lado, cuando experimentamos conflictos y diferencias en los ámbitos en los que nos movemos, podemos vernos en la tentación de usar nuestras palabras para defender nuestras posturas.

2. *Ibíd.*, p. 167.

Quizás, para hacer valer nuestro punto, caigamos en la exageración, la descalificación, la mentira y el chisme. En su libro *Si os mordéis y os coméis unos a otros*, Alexander Strauch nos recuerda que «la mayoría de los conflictos podría resolverse con un daño mínimo a las personas y a la iglesia, si pusiéramos tanto nuestra ira como nuestra lengua bajo el control del Espíritu Santo».[3] El problema es que cuando la lengua se convierte en un instrumento de nuestro enojo damos rienda suelta a los sentimientos y, en lugar de apagar el conflicto, lo alimentamos. Por eso Santiago mencionó que un pequeño fuego puede terminar siendo un tremendo incendio (Stg. 3:5).

*Una lengua sin dominio propio no se apega a la verdad.* Dios es un Dios de verdad (Jn. 8:26). No hay falsedad, mentira ni engaño en Él (Nm. 23:19). Y así mismo debería ser con un hijo de Dios (Sal. 101:7). Jesús nos enseñó a hablar la verdad, sin agregar nada más (Mt. 5:37). Lo que agregamos «procede del mal». Jesús también dijo de sí mismo que Él es la verdad (Jn. 14:6), mientras que llamó a Satanás «mentiroso y el padre de la mentira» (Jn. 8:44). A lo largo de toda la Escritura hay una verdad evidente: Dios aborrece la mentira y la falsedad (Pr. 12:22). Los hijos de Dios, entonces, deben amar andar en la verdad (Sal. 86:11; 3 Jn. 4). Tener dominio propio sobre tu lengua implica no dejar que de ella salga ninguna mentira ni engaño.

## Una lengua que agrade al Señor

Al reflexionar en la sección anterior sobre los efectos de una lengua que carece de dominio propio, nuestra oración debería ser como la del salmista: «Sean gratas las palabras de mi boca y la meditación de mi corazón delante de Ti, oh SEÑOR, roca mía y Redentor mío» (Sal. 19:14). ¿Cómo pueden nuestras palabras ser gratas delante del Señor? Si tenemos dominio propio sobre

---

3. Alexander Strauch. *Si os mordéis y os coméis unos a otros* (Cupertino, CA: Editorial DIME, 2014), p. 63.

nuestra lengua. Este debe ser nuestro objetivo: no ser dominados por nuestras pasiones sino por el Espíritu de verdad que nuestro Señor nos ha dado (Jn. 14:17). A continuación, me referiré acerca de cómo debería verse una lengua que agrade a nuestro Dios. *Dios se agrada de una lengua que se refrena.* Hay sabiduría en hablar lo justo y lo necesario. Incluso el necio parece sabio cuando es capaz de guardar silencio (Pr. 17:28). Hay amor en ser prontos para oír y tardos para hablar (Stg. 1:19). No siempre tenemos que decir algo. Poder refrenar nuestra lengua nos ayuda a conservarnos humildes, a escuchar en amor a nuestro prójimo y evitar el conflicto innecesario. ¡Cuánto necesitamos cultivar el silencio!

*Dios se agrada también de una lengua que sana y edifica.* Hay gracia del Señor en las palabras dulces y amables. Creo que todos podemos dar fe de ello. Palabras que no hieren, sino que sanan y edifican son una bendición. Tan apetecibles son, que la Biblia las llega a comparar con un panal de miel (Pr. 16:24). ¡Cuánto necesitamos aprender a hablar con palabras que animen, consuelen y edifiquen! (Ef. 4:29).

Además, *Dios se agrada de una lengua que pacifica.* Sí, que es pacífica, pero que también pacifica —¡la tilde hace una gran diferencia! No somos llamados a crear disensión, sino a pacificar, en palabras de Jesús: a «procura[r] la paz» (Mt. 5:9). Ser pacífico es una cosa, pero usar tus palabras para traer paz es algo muy diferente. Un creyente siempre procura la paz, porque no busca el bien propio, sino la edificación del cuerpo de Cristo. Sus palabras calman la ira, porque están repletas del amor de Cristo. ¡Cuánto necesitamos aprender a llenar nuestros labios de palabras que apacigüen y, a la vez, honren al Príncipe de Paz!

Por último, *Dios se agrada de una lengua que dice la verdad.* Dios es verdad, habla verdad y se goza en la verdad (cp. 1 Co. 13:6). Por ende, somos llamados a caminar en la verdad, en la luz, donde no hay engaño (1 Jn. 1:7). Porque nuestro Dios es un Dios en el que no hay ni la más mínima sombra de engaño (1 P. 2:22), sabemos que la mentira no debe tener lugar en nuestros labios. ¡Cuánto necesitamos recordar que lo que decimos y hablamos lo hacemos delante del Señor!

## La raíz del problema y un rayo de esperanza

Hasta aquí hemos reflexionado en las consecuencias de no tener control de la lengua y lo que Dios espera de nosotros en cuanto a este tema, pero hay un problema: la lengua es peligrosa e indomable (Stg. 3:5-8). Y la razón por la que nunca podremos dominar nuestra lengua es porque refleja, como ninguna otra cosa, lo que hay en nuestro corazón: pecado. Esto no es ningún secreto. Jesús nos dijo que «de la abundancia del corazón habla [nuestra] boca» (Lc. 6:45). El orgullo, el egoísmo, la envidia, la avaricia, tarde o temprano se abrirán camino, y se harán evidentes a través de lo que decimos. No hay forma en la que podamos ocultar nuestra esencia. Entonces, el dominio propio en el hablar no es un ejercicio que pueda reducirse a una serie de pasos o consejos. Para que nuestra lengua honre a Dios necesitamos un corazón nuevo.

Cuando Jesús habló con Nicodemo, le dijo que le era necesario nacer de nuevo (Jn. 3:3). Poder vivir una vida que busque y se complazca con la santidad y en la santidad, requiere una transformación tan profunda y esencial que es imposible en términos humanos. Es nuestro corazón, lo profundo de nuestra naturaleza, lo que necesita ser transformado. Como lo dijo el pastor puritano Richard Baxter:

> La primera y mayor obra de un cristiano gira en torno a su corazón. Allí es donde Dios habita mediante su Espíritu, en sus santos, y ahí es donde reinan el pecado y Satanás, en los impíos. Los grandes deberes y los grandes pecados son aquellos que están relacionados con el corazón. Allí se encuentra

la raíz del bien y del mal; la lengua y la vida no son otra cosa que frutos y expresiones de lo que habita dentro de nosotros.[4]

Cuando Santiago escribe su carta nos pone sobre aviso: La lengua es «un mal turbulento y lleno de veneno mortal» (Stg. 3:8). Sin embargo, cuando confronta la hipocresía, la cual expresa maldición y bendición, afirma con absoluta contundencia: «esto no debe ser así» (Stg. 3:10). La respuesta del evangelio es que, por la gracia de Dios, esto puede no ser así. En otras palabras, no tiene que ser así. Por medio del evangelio ha sido hecha en nosotros la obra que era necesaria: nacer de nuevo (2 Co. 5:17). Y por causa de esa obra nosotros podemos ahora ser santificados en nuestro hablar. En Cristo podemos tener control sobre nuestra lengua.

## Controla tu lengua

Es necesario recordar constantemente que en nuestra santificación nada podemos hacer sin la gracia del Espíritu Santo en nosotros. Y también es necesario recordar que, porque la gracia del Señor nos asiste, podemos desarrollar dominio propio sobre nuestra lengua. Pero ¿qué debemos hacer si nuestra lengua ha estado tomando control de nosotros, si no hemos hecho nada por estorbarla ni hemos podido ejercer dominio propio sobre esta?

*En primer lugar, debemos reconocer nuestro pecado.* Todo comienza por aquí. Permitamos que el Espíritu de Dios en nosotros nos haga ver que la razón por la que nuestras palabras no son agradables a Dios y lastiman a nuestro prójimo es porque nacen de un corazón pecaminoso. El evangelio nos lleva a reconocer eso, y a no escudarnos o justificarnos. El paso inicial para tener dominio propio sobre nuestra lengua es poder identificar el pecado, llamarlo como tal y traerlo a la cruz del Señor.

*En segundo lugar, estemos dispuestos a luchar contra nuestro pecado.* Por la gracia del Espíritu en nuestra vida, recibimos la

---

4. Richard Baxter y William Orme, adaptado del libro: *The Practical Works of the Rev. Richard Baxter: Volume II* [*Las obras prácticas del reverendo Richard Baxter: Volumen II*] (London: James Duncan, 1830), p. 531.

capacidad de luchar contra el pecado. No estamos solos. Tomemos la firme resolución de cuidar nuestras palabras y buscar solo la gloria de Dios a través de lo que hablamos. Esto requiere de mucha disciplina y coraje. El conocido pastor Jonathan Edwards escribió en su diario: «Me determino a nunca hablar algo malo de alguien, que podría tender a la deshonra, ni menos o más, a excepción de hablar solo lo realmente bueno».[5] Es necesario que como creyentes tomemos la resolución de someter nuestra lengua al señorío de nuestro Salvador Jesucristo.

*En tercer lugar, llenémonos de la Palabra de Dios.* Él moldea y transforma nuestra vida cuando más lo conocemos, y eso es posible únicamente a través de la Biblia. Dios ha hablado y, por lo tanto, debemos escuchar. Seamos alimentados constantemente de la Palabra de Dios de tal modo que esta «habite en abundancia en» nosotros (Col. 3:16; cp. Ef. 5:18), y que nuestra mente continúe renovándose constantemente (Ro. 12:2). Esto nos ayudará en nuestro navegar por tener dominio propio sobre nuestra lengua y todo en nuestra vida.

*En cuarto lugar, debemos cultivar la humildad.*[6] Una de las principales razones detrás de una lengua sin control es el orgullo. Solemos ser muy egoístas y nos gusta dar rienda suelta a nuestra lengua, ya sea para decir lo que creemos, lo que pensamos o para hablar de nosotros mismos. Cuanto más enfocados estemos en la gloria de Dios y la edificación de nuestros hermanos, menos pensaremos en nosotros mismos. Y eso se verá reflejado en nuestra lengua.

*Por último, amemos.* Si amamos —a Dios y «unos a otros» (1 Jn. 4:7)—, no desearemos causar dolor. Nuestro amor hacia

---

5. Jonathan Edwards, *Jonathan Edwards' Resolutions and Advice to Young Converts* [*Las resoluciones de Jonathan Edwards y el consejo a nuevos creyentes*], editado [en inglés] por Stephen J. Nichols (Phillipsburg, NJ: P&R Publising, 2001), p. 18.

6. Para conocer un tratamiento extenso acerca del orgullo —el primer libro de nuestra serie de «Hombre Renovado»—, véase Daniel Puerto y Josué Pineda Dale, *El orgullo: La batalla permanente de todo hombre* (Grand Rapids: Editorial Portavoz, 2021).

Dios es nuestra motivación principal para evitar el pecado. También debemos amar a los demás, incluso a nuestros enemigos. Hacer esto nos motivará a cuidarnos de proferir palabras hirientes. Como hijos de Dios sabemos que crecer en dominio propio sobre nuestro hablar no es sencillo. Que eso nos lleve a depender cada día más de su gracia.

## Conclusión

Los veranos en mi país, Argentina, suelen ser ocasión propicia para los incendios forestales. Una colilla de cigarro mal apagada, un trozo de vidrio, una lata, unas pocas brasas remanentes pueden ser la causa del comienzo del fuego. Miles de hectáreas han sido consumidas por incendios forestales que comenzaron con apenas una pequeña chispa. Tus palabras pueden ser esa chispa, provocando división, disensión y dolor. Esa conducta no es propia de un hijo de Dios, sino de un necio (Pr. 18:6). Somete tu lengua al Señor y habla verdad, en el tiempo adecuado y en la medida adecuada.

# 11

## El dominio propio y tu manejo de las redes sociales

*JACOBIS ALDANA*

Estoy seguro de que todos hemos estado allí alguna vez: esa extraña y frustrante sensación de lamento por haber dicho algo que no debimos o por la forma en que lo dijimos. En ocasiones la situación se arregla con una disculpa, pero en otras es demasiado tarde para revertir el efecto de las palabras. La forma en que usamos nuestras palabras es una de esas áreas en las que la Caída ha hecho estragos. No en vano, Santiago expone en su carta lo siguiente:

> También la lengua es un fuego, un mundo de iniquidad. La lengua está puesta entre nuestros miembros, la cual contamina todo el cuerpo, es encendida por el infierno e inflama el curso de *nuestra* vida. Porque toda clase de fieras y de aves, de reptiles y de *animales* marinos, se puede domar y ha sido domado por el ser humano, pero ningún hombre puede domar la lengua. *Es* un mal turbulento *y* lleno de veneno mortal (Stg. 3:6-8).

Pero, sinceramente, el poco o nulo control de nuestra lengua no es lo más preocupante, sino el hecho de que nadie podrá escapar del juicio de sus propias palabras, pues de cada una de ellas tendremos que dar cuenta a Dios (Mt. 12:36). Hasta este punto, cualquiera podría cuestionar: ¿qué tiene esto que ver con mi uso de las redes sociales[1]? La respuesta es: mucho. De hecho, no es casualidad que este sea el tercer capítulo práctico con respecto a este tema del dominio propio. En el capítulo 9 hablamos del uso del tiempo, y en el capítulo 10 hablamos acerca de cómo usar nuestra lengua. Tal parece que el tema que nos atañe en este capítulo concierne de alguna manera a ambos capítulos previos.

Es cierto que lo que publicamos —«posteamos»— no necesariamente involucra nuestra lengua, sin embargo, sí involucra nuestros pensamientos, los que se llevan al mundo visible en forma de palabras escritas. Además, es importante considerar que la manera en que comunicamos nuestros pensamientos nos hace plenamente responsables de ellos. Así que, del mismo modo en que la Palabra de Dios recomienda que hagamos un uso sabio de la lengua[2] —por implicación del principio allí contenido—, una extensión de ese mandato es ser sabios al comunicarnos en cualquier medio que dispongamos. Por tanto, vemos que existe el llamado al dominio propio aplicado a la comunicación en las redes sociales.

En este capítulo abordaremos entonces por qué es necesario el dominio propio en el mundo de las redes sociales. También, hablaremos acerca de cómo podemos ejercerlo. Además, veremos algunos consejos prácticos que oro que resulten útiles mientras buscamos agradar a nuestro Señor con este tema en particular.

---

1. Al hablar de redes sociales, me refiero a plataformas de comunicación a través de Internet mediante las cuales tenemos interacción con otros usuarios.
2. Véase el capítulo 9: «El dominio propio y tu lengua», por Adrián Sebastián Winkler, para conocer un tratamiento extensivo acerca de este tema.

## ¿Por qué necesitamos dominio propio en nuestro manejo de las redes sociales?

La respuesta corta a esta pregunta es: porque somos pecadores. Pero, por supuesto, hay mucho más que decir al respecto. Como consecuencia de la Caída (Gn. 3), todos nuestros estamentos internos fueron afectados debido al pecado que ingresó en el mundo, y, una de las marcas más evidentes de esa afectación es la constante búsqueda de gloria personal, es decir, el deseo de dirigir la mirada de otros hacia nosotros.

Sea cual sea nuestra área de interacción, siempre estaremos inmersos —de una manera u otra— en la necesidad turbulenta de hacernos notar. Todos de alguna manera quieren darse a conocer, desean llamar la atención o procuran la aceptación de los demás. Lo cierto es que, ya sea que alguien se considere una persona extrovertida o introvertida, siempre buscará exactamente lo mismo: «aquí estoy, este soy yo, mírenme».

En las redes sociales esto se ve de varias formas. Existen los que continuamente están inmiscuidos en debates para exhibir su inteligencia y capacidad argumentativa. También están aquellos para los cuales el muro de sus redes sociales es una carta de desahogo y casi que podrías conocer los detalles más íntimos de su vida. De igual modo, están los que intentan proyectar una imagen sobreestimada de su apariencia o de su posición. Todo esto es impulsado por el mismo motor: la búsqueda de gloria personal.

Recuerdo una vez haber cerrado mi cuenta de Facebook por una temporada. Estaba resuelto a no caer más en ese horrible pecado de búsqueda de gloria, pero antes de cerrar escribí un *post*: «Voy a estar fuera de esta red por un tiempo para reflexionar en otras cosas». ¿Lo puedes creer? ¡Estaba pecando mientras quería huir del pecado! Quería que la gente me preguntara por qué me estaba yendo y responderles acerca de lo «maduro» que era. Me sentí como Pablo: «¡Miserable de mí! ¿Quién me libertará de este cuerpo de muerte?» (Ro. 7:24).

Este es el diagnóstico del problema. Si somos creyentes, debemos darnos cuenta de que esta es nuestra lucha diaria; por lo tanto, necesitamos pelearla. Tenemos una naturaleza pecaminosa que quiere atención, que desea profundamente que sus palabras sean leídas, que su imagen sea valorada —generando muchos *likes*—, y, por eso, necesitamos dominio propio, uno que no viene de nosotros, sino del Señor. Todo lo demás, cualquier esfuerzo humano —en la carne— no tendrá éxito. Solo en el Señor, en sus fuerzas, podremos sobreponernos y vencer.

### ¿Cómo ejercer dominio propio con y en las redes sociales?

Ahora sabemos que tener una falta de dominio propio en esta área puede tener consecuencias devastadoras. Además del tiempo que perderemos, si nos dejamos llevar, daremos rienda suelta a nuestro orgullo, a nuestra lengua —aunque sea virtualmente— y posiblemente al chisme y la envidia, entre otras cosas. Por eso es importante saber con claridad qué debemos hacer. En algunas ocasiones, diagnosticar puede resultar más fácil que encontrar una medicina, y creo que en este caso sucede lo mismo. Hasta cierto punto es fácil observar dónde está nuestro problema, pero el desafío es saber cómo resolverlo y, más que saber, comprometernos a resolverlo.

Propongo que una comprensión correcta del evangelio es el inicio para el ejercicio del dominio propio y, más específicamente, en el área de las redes sociales. En efecto, el evangelio pone nuestra realidad en perspectiva y nos recuerda lo que realmente somos delante del Señor. Es importante recordar una y otra vez que nuestra identidad no está en la aprobación que recibamos y que no tenemos ninguna gloria que buscar porque, si estamos en Cristo, Él es nuestra gloria. Esto puede parecer obvio o lógico, pero a menudo no actuamos de esta forma. Además, el evangelio redefine el propósito por el cual hacemos lo que hacemos. Queremos llevar gloria al Señor, y tener esto claro nos aterriza y nos hace promover lo que es honesto, lo que es de buen nombre . . . en fin, todo aquello en lo que hay virtud, en lugar de una imagen sobrestimada de nosotros (Fil. 4:8).

Pero incluso lo anterior sigue estando muy arriba aún —a 32 000 pies de altura—, así que quiero que lo aterricemos para entender mejor y ponerlo en práctica. El dominio propio modelado por el evangelio luce así:

- Es prudente al no pensar de sí mismo más de lo que se debe pensar.
- Es amoroso con otros y piensa siempre lo bueno, da el beneficio de la duda.
- Es paciente y no se irrita.
- Es honesto, no busca decir las cosas de cualquier manera, sino que habla verdad en amor.
- Es verdadero, no hipócrita. No esconde malos motivos detrás de sus actitudes.
- Es reconciliador y busca la paz.
- Es sabio y no tiene una respuesta defensiva para todo.
- Es humilde y puede reconocer la falta.
- Es tolerante de modo que no impone sus preferencias a los demás, sino que agrada a Dios con limpia conciencia convencido en su propio corazón.
- No usa su libertad para dañar la débil conciencia de otros.
- Busca la santidad y lo que es puro y modesto.

Estos solo son algunos aspectos de una actitud que es modelada por el evangelio y nos conducen a no ser guiados por nuestro instinto pecaminoso natural, sino por el Señor. Es una actitud no entregada a la naturaleza caída, sino al señorío de Cristo.

Como hemos visto, el dominio propio no es solo acerca de reprimir voluntariamente deseos a fin de no comprometer nuestra imagen. Es más bien una fuerza impulsada por el Espíritu Santo en nosotros que nos hace no buscar nuestra propia satisfacción, y que, en cambio, nos lleva a buscar el bien de Cristo, su gloria. Eso es lo que hace al dominio propio distinto de la abstinencia. Esto último es algo moral y está bien, pero lo anterior es espiritual y mejor.

## Algunos aspectos prácticos

Habiendo entendido las herramientas que Dios nos da en esta lucha, veamos ahora algunas formas de aplicar el dominio propio, modelado por el evangelio, en aspectos específicos del uso de las redes sociales. Para comenzar, no debemos publicar en redes sociales cuando estamos muy emocionados, ya sea positiva o negativamente. Las emociones elevadas suelen nublar nuestra capacidad de discernir si lo que vamos a decir o mostrar trae o no gloria a Dios. Debemos ser sobrios siempre. Hacer una pausa y meditar al respecto nos dará un poco de perspectiva y nos permitirá evaluar nuestros motivos. Al mismo tiempo, no tenemos que responder a todo lo que podamos responder. No debemos tener una opinión acerca de todo. Nadie espera eso de nosotros. Por lo tanto, no dejemos llevarnos por la emoción. Recuerda que, como vimos antes: «Aun el necio, cuando calla, es tenido por sabio» (Pr. 17:28a).

En ocasiones podemos usar las redes sociales para hacer críticas públicas de algo que podría haberse manejado en privado. En otras palabras, si hay algo que puedes decir a alguien en privado, hazlo. No uses tu «muro» para hablar en términos generales de lo que tiene un solo destinatario en tu mente. Eso no es honesto. Exhortémonos los unos a los otros (cp. 1 Ti. 5:1) y busquemos activamente «estimularnos unos a otros al amor y a las buenas obras» (He. 10:24). Pero no lo hagamos a escondidas, como quien arroja una piedra y esconde la mano, seamos bíblicos en todo y busquemos estar en paz con todos (cp. Mt. 5:23-25; Ro. 12:18).

Además, evaluemos la información que comunicamos. Pesemos nuestro corazón. Seguramente nos tomará más tiempo, pero será mejor. Solo cosas buenas resultarán de ser sobrios, esperar, meditar, evaluar, pensar y luego actuar, todo en dependencia del Señor. De esta manera estaremos seguros de que estamos promoviendo lo que es verdad y exalta al Señor. Al mismo tiempo, asegurémonos de cuidar la conciencia de otros. Consideremos a nuestro prójimo, preguntándonos si aquello en lo que creemos tener libertad puede ser en verdad un atentado contra la conciencia de un hermano débil (cp. 1 Co. 8:9). También debemos procurar usar un lenguaje decoroso y que no exhiba inmoralidad o impureza. Queremos ser testimonio a todos (cp. 1 Ti. 3:7) y adornar el evangelio con nuestras palabras y nuestra conducta (cp. Tit. 2:10). No queremos que el evangelio y el nombre de nuestro Señor sea «blasfemado» por nuestra causa (Ro. 2:24). No sería mala idea que nos aseguremos de que alguien de confianza nos sirva de filtro para saber qué y cómo publicar.

Por último, si a menudo batallamos con la procrastinación[3], es una buena idea no tener redes sociales instaladas en nuestros teléfonos o, al menos, asegurarnos de no tener habilitadas las notificaciones, ya que esto nos distraerá mucho, haciéndonos perder el tiempo. No olvidemos que, si las redes sociales nos son ocasión de caer a menudo, siempre está la opción de eliminarlas.

## Conclusión

Que el Señor nos ayude en nuestra debilidad, a confiar en Él y en la provisión que nos ha dado por medio del evangelio, para que hagamos todas las cosas buscando su gloria y no la nuestra. Busca agradarle en todo, incluso en tu uso de las redes sociales. Aférrate a las herramientas que Dios te da, más de lo que te aferras a lo que el mundo te ofrece. No desperdicies el tiempo y recursos que Dios te da y haz un uso sabio de las redes sociales.

---

3. «Diferir, aplazar». Real Academia Española, «Procrastinar», *Diccionario de la lengua española*, visitado el 26 de marzo de 2022, disponible en: https://dle.rae.es/procrastinar.

# 12

# El dominio propio y tus hábitos alimenticios

## DAVID PUERTO

A inicios del siglo XX una joven irlandesa llegó a trabajar a la India como misionera. Amy Carmichael se dio cuenta de que niños y niñas eran vendidos a los templos hindúes para la prostitución. El fin era «casarlos con los dioses» y luego ponerlos a disposición de hombres hindúes que frecuentaban esos santuarios. Junto a un grupo de nacionales comenzó a luchar por la libertad de los niños. Después de unos 12 años de desarrollar este polémico y peligroso ministerio tenía unos 130 niños y niñas bajo su cuidado.

Amy tenía muchos críticos, especialmente cristianos, que decían que el énfasis en las necesidades físicas, la educación y la formación del carácter no eran lo suficientemente evangelístico. Ellos le preguntaban: «¿Por qué no se concentran en salvar sus almas?». Amy respondía: «Uno no puede salvar las almas y luego enviarlas para el cielo. Las almas vienen ligadas a sus cuerpos, y como no se pueden separar las almas para tratarlas aparte, hay que tomar los cuerpos junto con las almas».[1]

---

1. Ruth Tucker, *Hasta lo último de la tierra: Historia biográfica de la obra misionera* (Miami, FL: Editorial Vida, 1988), pp. 275-276.

Amy defendía esta iniciativa con ironía: «Descubrí que sus almas están obstinadamente pegadas a sus cuerpos».[2] Pablo escribe en 1 Corintios 6 que nuestro cuerpo es templo del Espíritu Santo. Dios nos llama a honrarlo con nuestro cuerpo. Y en Romanos 12 somos exhortados a presentar nuestros cuerpos como un sacrificio vivo y santo. Es parte de nuestra adoración a Dios.

Cuando nos referimos al dominio propio es importante incluir el elemento de la mayordomía del cuerpo, es decir, del cuidado de nuestro aspecto físico. Somos seres espirituales, pero al mismo tiempo, somos seres materiales. Sin duda, nuestro enfoque en lo espiritual de la salvación hace difícil tratar estos temas.

Pero también son asuntos difíciles de tratar por tres razones: En primer lugar, *somos seres complejos*. Lo difícil para alguien puede resultar muy fácil para otra persona. Algunos hemos vivido en fracaso constante en el área de la alimentación. Un mes somos veganos y otro mes probamos con la dieta *keto*. En noviembre, antes de las comidas de fin de año, se nos ocurre hacer un *detox* con los jugos verdes que nos recomendó algún conocido. En enero comenzamos con ayuno intermitente y para marzo dejamos todo y nos quedamos en piloto automático por el resto del año. Por otro lado, hay quienes cuidan su alimentación demasiado e invierten cantidades enormes de tiempo y dinero haciendo ejercicio. Para ellos nada es más importante que eso.

En segundo lugar, *hay asuntos emocionales y circunstanciales conectados con nuestro cuerpo*. Es muy difícil mantener un peso adecuado o descansar bien cuando vivimos en constante estrés familiar y laboral. Algunas madres alimentando a sus bebés pueden dar testimonio de lo grave que es no tener un buen descanso por varios meses. Los que sufren de enfermedades crónicas, degenerativas o hereditarias o dependen constantemente de medicamentos también tienen enormes desafíos para cuidar sus cuerpos.

Y en tercer lugar, *estamos rodeados de mensajes contradictorios*. Por un lado, vemos anuncios de comidas deliciosas (muy

---

2. *Ibíd.*, p. 276.

probablemente no saludables) y luego publicidades con artistas y modelos en un estado corporal casi perfecto. Voy por la calle viendo esa comunicación visual y me pregunto: ¿cómo quieren que tenga ese cuerpo escultural invitándome a comer esa hamburguesa espectacular? Estamos completamente confundidos. Sin soslayar las dificultades que presenta el tema, la buena alimentación es parte de la buena mayordomía de nuestro cuerpo como hijos de Dios. Somos buenos mayordomos de nuestro cuerpo cuando cuidamos lo que nos nutre y nos repara y esto lo hacemos según el buen diseño de Dios a través de una buena alimentación.

## La Biblia y la comida

Algunos dicen: «Dime lo que comes y te diré quién eres». No creo que la comida defina nuestra identidad, pero sí es fundamental reconocer que lo que comemos y cómo comemos es muy importante para nuestro bienestar. En la Biblia encontramos mucha referencia a la comida. Comienza en Génesis con un jardín lleno de alimentos para el ser humano, y termina en Apocalipsis con una cena en las bodas del Cordero y un río rodeado por árboles que dan fruto. La comida aparece a lo largo del relato bíblico. Dios diseñó nuestro cuerpo y nos puso en un ambiente perfecto en el cual podemos mantenernos y florecer.

Muchas fiestas del pueblo de Israel en el Antiguo Testamento giraban en torno a la comida, por ejemplo, la Pascua. Jesús realizó varios milagros que estaban directamente conectados con la comida. En Hechos se relata que los nuevos creyentes «comían juntos con alegría y sencillez de corazón» (Hch. 2:46-47). La Biblia no condena la comida. Es más, podemos observar mucha celebración asociada con mucha comida. A lo largo de las Escrituras, la abundancia de alimentos y de buenas cosechas están conectadas con la bendición de Dios.

Pero así como sucede con otros buenos regalos de Dios para el ser humano, usamos la comida como fin en sí mismo. Billy Graham escribió un libro sobre los siete pecados capitales. Sobre la gula dice que: «[es] un pecado que la mayoría de nosotros cometemos, pero pocos mencionamos». Y asegura que «es uno de los pecados más frecuentes entre los cristianos».[3] Es más, en la Biblia, es un pecado que comúnmente aparece junto a la borrachera. Estamos más inclinados a criticar la borrachera, pero realmente estos son pecados gemelos porque reflejan falta de dominio propio.

### ¿Qué es la glotonería?

Jeff Olson lo define de la siguiente manera: «La glotonería es el consumo desproporcionado de alimentos que surge del apetito desenfrenado por algo más que lo que el Señor ha provisto y, por lo tanto, es juzgado como pecado por Dios».[4] Veamos un ejemplo en la experiencia de Israel al salir de Egipto:

Entonces la gentuza extranjera que viajaba con los israelitas comenzó a tener fuertes antojos por las cosas buenas de Egipto. Y el pueblo de Israel también comenzó a quejarse: «¡Oh, si tuviéramos un poco de carne! —exclamaban—. Cómo nos acordamos del pescado que comíamos gratis en Egipto y teníamos todos los pepinos, los melones, los puerros, las cebollas y los ajos que queríamos. ¡Pero ahora lo único que vemos es este maná! Hasta hemos perdido el apetito» [...]. Entonces Moisés escuchó los lloriqueos de las familias

---

3. Billy Graham, *Victoria sobre los siete pecados mortales* (Barcelona: S.A.E., 1967), citado por Jared C. Wilson, «El pecado de la gula: El elefante en la habitación», *Coalición por el Evangelio*, visitado el 30 de marzo de 2022, disponible en: https://www.coalicionporelevangelio.org/articulo/pecado-gula/.

4. Jeff Olson, *Once a Deadly Sin: A Contemporary Assessment of the Sin of Gluttony* [*Lo que una vez fue un pecado mortal: Una evaluación contemporánea del pecado de la glotonería*] (Th.M. tesis, Western Seminary, Portland, OR, 2000), citado en Gregg R. Allison, «Am I Lustful, Gluttonous, or Slothful?» [«¿Soy lujurioso, glotón o perezoso?»], *Christianity Today* [*Cristianismo Hoy*], visitado el 30 de marzo de 2022, disponible en: https://www.christianitytoday.com/biblestudies/articles/spiritualformation/lustfulgluttonousslothful.html?start=2.

a la entrada de sus carpas y el SEÑOR se enfureció. Moisés también estaba muy molesto (Nm. 11:4-6, 10, NTV).

Este pasaje ilustra de manera clara lo que es la glotonería. Para comenzar, es mucho más que comer en exceso. Es mucho más que comer comidas que identificamos como poco saludables. La glotonería, más que solo un asunto de nuestra boca, es un asunto de nuestro corazón. Este pecado involucra una enorme falta de confianza en Dios. Además, revela falta de gratitud en nuestro corazón por la provisión adecuada y bondadosa de Dios para nuestro cuerpo a través del alimento.

Greg Allison escribe[5] que podemos caer en glotonería cuando:

- Somos muy melindrosos al comer: por ejemplo, exigir que solo se nos sirva comida que nos guste todo el tiempo, y que sea cocida y servida en cierta manera.
- Cuando somos muy exclusivos con nuestra comida: por ejemplo, comer solo ciertos cortes de carnes, de mariscos y de algunas otras comidas ostentosas en lugares caros.
- Comer muy rápido puede ser un acto de glotonería. Por ejemplo, tragar la comida sin disfrutar su sabor, y sin considerar la velocidad de aquellos con quienes compartes la comida.
- Estar obsesionado con la comida. Por ejemplo, planificar nuestros días en torno a comidas y meriendas.

El Salmo 78:18 resume lo que ocurrió en el desierto: «Y en sus corazones tentaron a Dios, pidiendo comida a su gusto». Según Números 11:33-34, el resultado fue terrible:

Pero mientras se saciaban de carne —cuando aún estaba en sus bocas—, el enojo del SEÑOR se encendió contra el

---

5. Greg R. Allison, *Embodied: Living as Whole People in a Fractured World* [*Encarnado: Vivir como personas íntegras en un mundo fracturado*] (Grand Rapids: Baker Books, 2021), p. 131.

pueblo y los castigó con una plaga muy grave. Así que ese lugar fue llamado Kibrot-hataava (que significa «tumbas de glotonería») porque allí enterraron a la gente que codiciaba la carne de Egipto (NTV).

Dios está en contra de la glotonería porque demuestra una enorme falta de contentamiento y de confianza en nuestro Proveedor. A esta altura es importante mencionar que la gula:

- No es comer con moderación alimentos que se consideran malos (como postres y alimentos con elevado contenido de grasa).
- Tampoco es gula pensar que una comida es agradable.
- O disfrutar con moderación de un chocolate, un helado y otros placeres culinarios.
- O comer porciones adicionales si después de comer en verdad aún se tiene hambre.

Además, ser obeso no es pecado. La Biblia no dice: *Bienaventurados los delgados porque de ellos es el reino de los cielos*. Debemos añadir que no en todos los casos la obesidad es resultado exclusivo de la glotonería. Todos hemos conocido a personas delgadas que comen en exceso constantemente, pero la glotonería no se ve reflejada en su estado físico. Por supuesto, la obesidad puede estar conectada con la glotonería, pero no dudemos de que también existan problemas hormonales o metabólicos que impiden a una persona bajar de peso.

Dicho lo anterior, y considerando todas las circunstancias que pueden llevar a la obesidad, algunos creyentes hemos justificado nuestro sobrepeso. Si al examinar tu vida te sientes confrontado con la Palabra de Dios por la falta de dominio propio en esta área, es tiempo de reconocer que no solamente tenemos problemas fisiológicos, emocionales o metabólicos. También hemos caído en el pecado de la glotonería. La autora Frederica Mathewes-Green lo explica de la siguiente manera: «La gula no está mal porque nos engorda; la gula es pecado porque es el fruto de la falta de dominio propio [ser egoístas y desenfrenados]».[6] La glotonería es pecado, pero como cualquier otro pecado, podemos vencerlo en Cristo. A Dios le importa nuestro cuerpo, por lo tanto a Dios le importa lo que comemos.

## Consejos prácticos

Me gustaría proponerles tres acciones que podemos abrazar para vencer el pecado de la glotonería a través del dominio propio. Primero, *aprendamos a comer*. Es muy común vivir en un analfabetismo nutricional. La mayoría de nosotros tenemos que reconocer honestamente que no sabemos cómo y cuánto comer. Por lo tanto asesorémonos con profesionales, doctores y especialistas en nutrición. Pregunta quién puede ayudarte.

Segundo, *comamos con gratitud*. En 1 Timoteo 4:3-4, Pablo dice que algunas personas prohibían comer ciertos alimentos. Asegura que estas enseñanzas provienen de demonios. Luego dice: «Dios los ha creado [los alimentos] para que con acción de gracias participen de ellos los que creen y que han conocido la verdad. Porque todo lo creado por Dios es bueno y nada se debe rechazar si se recibe con acción de gracias». Al comer lo que esté frente a nosotros en la mesa, tengamos una actitud de gratitud a Dios.

Tercero, *comamos para honrar a Dios*. Siempre me ha llamado la atención 1 Corintios 10:31: «ya sea que coman, que beban, o que hagan cualquier otra cosa, háganlo todo para la gloria de Dios». Tomar un cafecito con pan de merienda puede ser un acto para la gloria de Dios. Comer un excelente corte de carne asado con camarones en tu aniversario de bodas puede ser un acto que diga lo grande y bueno que es Dios. Unos versículos antes Pablo escribió: «Todo es lícito, pero no todo es de provecho. Todo es

---

6. Frederica Mathewes-Green, «To Hell on a Cream Puff» [«Al infierno en un hojaldre de crema»], *Ancient Faith Ministries*, visitado el 30 de marzo de 2022, disponible en: https://blogs.ancientfaith.com/frederica/writings/to-hell-on-a-cream-puff.

lícito, pero no todo edifica» (1 Co. 10:23). Honramos a Dios al comer cuando nuestro deseo por comer no nos controla.

Resumiendo: Somos buenos mayordomos cuando, con dominio propio, nos alimentamos bien. Al considerar si eres buen mayordomo de tu cuerpo, te animo a preguntarte: ¿Estoy comiendo para nutrir mi cuerpo o solamente por placer? ¿Me he informado sobre cómo comer saludablemente de acuerdo a mi peso y estatura? ¿Cuándo fue la última vez que me evaluó un profesional de la salud? ¿Seguí sus instrucciones? ¿Estoy usando la buena alimentación como herramientas de la gracia común de Dios para mi bienestar integral?

Camille Paglia, en su libro de ensayos titulado *Vamps and Tramps* [*Vampiros y vagabundos*], escribe algo que al mundo le encanta escuchar: «El destino, no Dios, nos ha regalado esta carne. Tenemos derecho absoluto a nuestros cuerpos y hacer con ellos lo que nos plazca».[7] Esto es una falacia. No podemos hacer con nuestros cuerpos lo que nos plazca. ¿Qué pasa si quiero dejar de comer por un año entero? ¿Qué pasa si no tengo ningún límite cuando como? Se escucha atractivo, pero realmente no podemos hacer con nuestros cuerpos lo que nos plazca. Existe un diseño, hay un orden natural que es necesario seguir y obedecer.

## Conclusión

Algunos de nosotros hemos descuidado nuestro cuerpo, hemos descuidado el templo del Espíritu Santo creado a imagen y semejanza de Dios. Y seguramente muchos hemos sentido la culpa de ese descuido. Tal vez ha sido por un asunto de prioridades, falta de dominio propio, problemas emocionales sin resolver o una identidad personal quebrantada. O por otro lado, hemos

---

7. Camile Paglia, *Vamps and Tramps: New Essays* [*Vampiros y vagabundos: Nuevos ensayos*] (New York: Vintage, 1994), citada en Nancy Pearcey, *Ama tu cuerpo: Respuesta a preguntas difíciles sobre la vida y la sexualidad*, (Tyler, TX: Editorial JUCUM, 2019), p. 4.

exaltado nuestro cuerpo y nuestra imagen física se ha convertido en un fin en sí mismo.

Sea lo que sea, hay oportunidad para el arrepentimiento y el cambio. Dios sigue obrando en nuestra vida, lo cual incluye nuestro cuerpo y su nutrición. Si ese es tu caso, nunca es tarde para tomar acción y comenzar a honrar a Dios con tus hábitos alimenticios.

# 13

## El dominio propio y tu sexualidad

*RICARDO DAGLIO*

Hemos aprendido mucho hasta aquí, pero hay un área difícil para el hombre cristiano que también necesita ser dominada adecuadamente; permíteme introducirla con un pequeño relato. Habíamos llegado unos días antes a la casa de vacaciones que mis abuelos tenían en la costa. Mi mejor amigo y yo estábamos entusiasmados por la oportunidad de compartir ese tiempo con toda la energía y la diversión que la juventud nos pudiera proporcionar. Pero la playa no era el lugar más adecuado para un par de jóvenes con sus hormonas en franco desarrollo; nuestros ojos batallaron incansablemente. Cuando el abuelo llegó, no tardó mucho tiempo en llevarnos a un lugar apartado, sentarnos a cada uno a su lado y abrir las Escrituras en Génesis 39. Sabíamos de qué trataba la historia pues teníamos el hábito de leer la Biblia; pero el abuelo, como un patriarca con sabiduría, nos recordó los peligros de las tentaciones sexuales, la inmoralidad y el pecado en general. Sobre todas las cosas, él nos hizo notar que José huyó de la tentación no por ser un cobarde sino porque poseía una virtud esencial: domino propio.

La realidad es que lo que representa el mayor peligro para la sexualidad en el hombre no es la playa, ni la vida cotidiana, ni el internet, ni ninguna otra cosa externa. El problema es el corazón, que es un terreno fértil para la siembra y cosecha de cualquier semilla pecaminosa. El pecado ha corrompido completamente cada rincón del corazón del hombre porque «la intención del corazón del hombre es mala desde su juventud» (Gn. 8:21), y porque «desde la matriz están desviados» (Sal. 58:3). Sin embargo, la Biblia contiene muchísimas indicaciones, consejos y mandamientos que han sido revelados por Dios, para que la sexualidad del hombre pueda encuadrarse dentro del propósito para el cual ha sido creada. En un mundo donde la sexualidad se ha distorsionado a niveles inimaginables, desde la agenda LGTBI hasta la perspectiva y libertad de género[1], los hombres (y mujeres) cristianos tenemos que recurrir a la fuente de autoridad divina.

## La sexualidad es un don de Dios

Dios, como creador de todo, según vemos en el relato del libro de Génesis, puso cada cosa en su lugar para que cumpliera el propósito para el cual la creó: los cielos y todos sus elementos; la tierra y todas sus criaturas y plantas; el mar y todos sus seres vivos. Así también, Él estableció el sexo para un propósito definido y con límites establecidos. Por tal motivo, el matrimonio constituye la frontera para su uso y deleite (Gn. 2:24).

Los deseos sexuales son absolutamente naturales y buenos, porque Dios los ha creado para que cumplieran el fin señalado dentro del matrimonio. Sin embargo, el matrimonio no es un salvoconducto para sosegar el deseo sexual, no contiene un elixir que elimina la inclinación natural del corazón a sobrepasar los límites fundacionales. El hombre casado sigue batallando con las tentaciones, e incluso, dentro de su propio matrimonio, pueden existir conflictos íntimos que pongan en riesgo la relación del esposo y la esposa. Ante estas circunstancias, la tentación a una

---

1. Véase Andrew T. Walker, *Dios y el debate transgénero: ¿Qué dice realmente la Biblia sobre la identidad de género?* (Grand Rapids: Editorial Portavoz, 2018), para encontrar un mejor entendimiento acerca de este tema y del riesgo latente para el cristiano, la familia, la iglesia y la sociedad.

relación prohibida con otra mujer o la autogratificación por medio de prácticas como la masturbación o la pornografía[2] no es para nada algo fuera de lo común en este mundo caído.

## Cisternas que pueden retener el agua

Mucho se ha escrito y hablado sobre la forma de controlar estos apetitos fuera de lugar. Por ejemplo, existen filtros y bloqueadores para la computadora que limitan la visita a páginas inmorales, pero ¿es esa la solución para el problema? ¿No será otra forma más de dependencia? Por eso y tantas otras razones es imprescindible que los hombres cristianos no busquen «cisternas agrietadas que no retienen el agua» (Jer. 2:13). En lugar de eso, la Palabra de Dios es una fuente segura porque nos habla del dominio propio que es el método divino para contrarrestar la tentación sexual —y cualquier otra tentación—. Es una posesión preciada que viene con la presencia del Espíritu Santo: «pero el fruto del Espíritu es amor, gozo, paz, paciencia, benignidad, bondad, fidelidad, mansedumbre, dominio propio» (Gá. 5:22-23). Claro está que, aunque «las cosas viejas pasaron; [y] ahora han sido hechas nuevas» (2 Co. 5:17), como creyentes debemos golpear nuestro «cuerpo» y hacerlo «esclavo» (1 Co. 9:27).

El apóstol Pedro nos da gran aliento al recordarnos que «Su divino poder nos ha concedido todo cuanto concierne a la vida y a la piedad, mediante el verdadero conocimiento de Aquel que nos llamó por Su gloria y excelencia» (2 P. 1:3). Con base en esto, nos recuerda que existe una serie de características que como cristianos debemos añadir a nuestra fe: «virtud, y a la virtud, conocimiento; al conocimiento, dominio propio, al dominio propio, perseverancia, y a la perseverancia, piedad, a la piedad, fraternidad y a la fraternidad, amor» (2 P. 1:5-7). El dominio propio es añadido al conocimiento que, claro está, es el conocimiento

2. Véase Heath Lambert, *Por fin libre: Luchando por pureza con el poder de la gracia* (Colombia, Poiema Publicaciones, 2020), como un recurso excelente para luchar contra la pornografía.

de Cristo y su gracia a través de la Palabra de Dios. El Espíritu Santo nos nutre con su Palabra, pero esta debe morar «en abundancia» en nuestras vidas (Col. 3:16).

Las amonestaciones de las que el dominio propio tiene que alimentarse en la Escritura están expresadas tanto por narraciones como por mandatos. Tomemos por ejemplo el relato de José que mencionamos al inicio. Su historia es trascendental no solamente por lo que aconteció antes y después de su victoria sobre la tentación sexual, sino también por su motivación para demostrar el dominio propio y ser fiel a Dios en su sexualidad. Frente a la insistencia de la mujer ajena, José respondió: «¿Cómo entonces podría yo hacer esta gran maldad y pecar contra Dios?» (Gn. 39:9). En esta respuesta en forma de cuestionamiento tenemos el secreto para el dominio propio en todo sentido.

El pecado es una gran maldad y es hecho contra Dios, y esta es una verdad teológica que surge a lo largo de las Escrituras. El ejercicio insistente y disciplinado del temor de Dios en nuestra mente hará que el dominio propio se robustezca, ya que «el temor del Señor» no es solamente «el principio de la sabiduría» (Pr. 1:7), sino que también «es aborrecer el mal» (Pr. 8:13). Debemos recordar que Dios nos concedió todo lo concerniente «a la vida y a la piedad» (2 P. 1:3) y debemos creer que es posible practicar el dominio propio porque queremos honrar a Dios. Si meditamos de manera frecuente en el «secreto de José», encontraremos que el dominio propio sobre la tentación sexual se ejercitará bíblicamente y tendrá su base en un principio inalterable de la Biblia: el temor de Dios.

Consideremos lo que dice Pedro también en 1 Pedro 4:1-3:

> Por tanto, puesto que Cristo ha padecido en la carne, ármense también ustedes con el mismo propósito, pues quien ha padecido en la carne ha terminado con el pecado, para vivir el tiempo que *le* queda en la carne, ya no para las pasiones humanas, sino para la voluntad de Dios. Porque el tiempo ya pasado *les* es suficiente para haber hecho lo que agrada a

los gentiles, habiendo andado en sensualidad, lujurias, borracheras, orgías, embriagueces, y abominables idolatrías.

Si bien es cierto que Pedro habla a un grupo de cristianos perseguidos, no es menos cierto que la necesidad de dominio propio para ellos es la misma que para quienes enfrentan tentaciones sexuales y deben «armarse» de un pensamiento que evoca el sufrimiento de Cristo por causa de su fidelidad a Dios, con el fin de no vivir una vida de incontinencia. En un contexto como este, es claro que el dominio propio necesita de este equipamiento mental del que habla Pedro; algo que naturalmente es un requerimiento para todos los cristianos que deben presentar «sus cuerpos *como* sacrificio vivo y santo, aceptable a Dios» (Ro. 12:1). Una renovación permanente incluye una transformación permanente. El dominio propio no es estático, sino que forma parte del proceso santificador en nuestras vidas, pero requiere una resolución que afecta el uso del cuerpo y la manera en que lo utilizamos o lo disponemos. Por cierto, el dominio propio se hará presente en nosotros si obedecemos lo que la Palabra de Dios nos indica acerca del uso de nuestros ojos (Mt. 5:28-29); nuestros pies (Pr. 7:25b), y muy especialmente, nuestro corazón (Pr. 7:25a).

Si estamos casados, debemos mirar con atención todo lo que la Biblia nos informa acerca de la relación conyugal. En otras palabras, necesitamos una teología bíblica sobre el sexo dentro del matrimonio. Esas directrices nos proporcionarán la información que alimentará saludablemente nuestro dominio propio. La Biblia afirma que todo hombre casado debe «poseer su propio vaso en santificación y honor, no en pasión degradante, como los gentiles que no conocen a Dios» (1 Ts. 4:4-5). Así mismo tiene que recordar que «no tiene autoridad sobre su propio cuerpo, sino la mujer [su esposa]» (1 Co. 7:4), lo cual incluye que no puede disfrutar su sexualidad aparte de su relación con ella, porque es ella quien tiene el derecho de su cuerpo. Además, es necesario que haga memoria de que su esposa es quien debe embriagarlo siempre con su amor (Pr. 5:19) y ninguna otra mujer. Todos estos textos, y muchos otros que forman parte de una teología bíblica, fortalecen el desarrollo y la práctica del dominio propio con relación a su sexualidad, de los cuales el Espíritu Santo se vale para hacer notar este fruto en la vida del hombre cristiano casado. Pero si somos solteros, el sexo no debería significar algo que nos proporcione identidad como hombre fiel, sino Cristo y nuestro amor a Él. La continencia de un hombre soltero encuentra su fuente en el mismo lugar que la del hombre casado: el evangelio.

Las exhortaciones de la Palabra de Dios —y, por ende, la sumisión a estas— es, entonces, el secreto para un dominio propio fructífero y apacible para nuestra sexualidad. Son cisternas que proveen el agua correcta, la que satisface los deseos más profundos. Pero debemos disciplinarnos en ello (1 Ti. 4:7). Esto implica un ejercicio diario cuya dirección nace de un profundo amor por Dios que es exclusivo y que no puede cohabitar con el mal, tal como lo expresa el salmista: «Los que aman al Señor, aborrezcan el mal; Él guarda las almas de Sus santos» (Sal. 97:10). Amar a Dios, no solamente alimenta el aborrecimiento del mal, sino que también posee un efecto preventivo porque Dios provee su cuidado para el alma. La búsqueda de la pureza sexual tal como Dios la planificó, es una manera en que demostramos nuestro amor a Dios y cómo desarrollamos el dominio propio necesario.

## Cuidado con el legalismo

Es cierto que el dominio propio requiere de la disciplina y el ejercicio de la piedad. También es cierto que expresiones como las de Jesús de sacarse un ojo o cortarse una mano (Mt. 18:8-9) no son literales, pero sí encierran la idea de una clara determinación que deberíamos tener. El hecho de que el dominio propio sea parte del fruto del Espíritu y que, al mismo tiempo, seamos responsables de añadirlo a nuestra fe es un sinergismo[3] necesario

---

3. Véase explicación de *sinergismo* y *monergismo* en el capítulo 2, titulado «¿Por qué debes cultivar el dominio propio», de Santiago Armel, p. 43.

en el peregrinaje por un mundo caído que lo ve como algo que aterroriza la conciencia (cp. Hch. 24:25). Pero el dominio propio no es un fin en sí mismo para la contención en la sexualidad. No es una serie de reglas que nos hacen miserables e infelices; más bien es un peldaño en la escalera de santificación que encuentra su motivación buscando agradar a Dios, no tratando de ganar su favor. Por ende, practicamos el dominio propio en nuestra sexualidad no porque queremos obtener el favor de Dios, sino como resultado de haberlo obtenido. Es una demostración de gratitud hacia el Salvador que entregó su propia vida para que no vivamos más para el pecado, sino que nos consideremos «muertos para el pecado, pero vivos para Dios en Cristo Jesús» (Ro. 6:11).

## Conclusión

Debes saber que no estás solo. Ninguno de nosotros puede experimentar un dominio propio aislado del cuerpo de Cristo. El autor de Hebreos dice que debemos exhortarnos «los unos a los otros cada día, mientras *todavía* se dice: "Hoy"; no sea que alguno de ustedes sea endurecido por el engaño del pecado» (He. 3:13). Esto es bueno, porque la verdad es que no puedes exhortarte a ti mismo. Necesitas de otros para animar y ser animado a vivir para el Señor (He. 10:24). Esto requerirá sinceridad, transparencia, consejería y también perdón. Tu iglesia local es el lugar indicado para el desarrollo saludable del dominio propio en tu sexualidad. Ningún hombre debe jugar jamás al «llanero solitario» suponiendo que, en su caso particular, le dará resultado. La iglesia es donde el evangelio se vive y se practica, y este evangelio nos recuerda que Dios no nos ha dado «espíritu de cobardía, sino de poder, de amor y de dominio propio» (2 Ti. 1:7), eso que el abuelo nos recordó con tanto cariño y solemnidad a mi amigo y a mí.

# 14

# El dominio propio y tu ira pecaminosa

*AARÓN HALBERT*

Cuando me pidieron que escribiera este capítulo sobre el dominio propio y la ira, mi respuesta inmediata fue: «¡Soy la última persona que debería escribir sobre este tema!». No dije esto porque no tenga problemas en esta área, sino porque, en el momento en que me preguntaron, estaba lidiando con cosas que revelaban ira dentro de mi propio corazón. Simplemente había tantas situaciones que estaban alimentando este pecado en mí. Para comenzar, a mi familia le habían pedido que se mudara inesperadamente y lo encontré injusto. Luego, mi esposa enfermó durante más tiempo del esperado y tuve que hacerme cargo del cuidado de los niños, labor en la cual, mis frustraciones, irritabilidad e ira pasaron a primer plano asomando su fea cabeza. Además, la mudanza a la nueva casa significaba más tiempo en el tráfico y, a menudo, me encontraba frustrado y molesto con otras personas —con mi ira hirviendo al máximo— por sus habilidades de conducción o la falta de estas. Entonces, escribo estas cosas como un compañero pecador que constantemente está tratando de hacer morir estos pecados.

## Diferenciando entre la ira justa y la ira pecaminosa

Cuando hablamos de la ira, creo que es importante que empecemos desde un terreno firme de reconocimiento de nuestra maldad, lo que implica no poner excusas. Muchas veces, cuando surge el tema de la ira, queremos pasar inmediatamente a la idea de la ira justa y el hecho de que las Escrituras nos dicen que debemos o podemos estar enojados, pero no pecar (Ef. 4:26). Debido a este pasaje, concluimos que nuestra ira es justa o tratamos de excusarnos o justificar nuestra ira. Buscamos justificarla diciendo que otros han actuado de maneras que han provocado nuestra justa ira. Y no solo eso, también tratamos de dar cabida a todas las formas en que la ira se expresa como: irritabilidad, crítica, ofenderse fácilmente, quejarse, resentimiento, menosprecio, intolerancia, etc.

Necesitamos comprender rápidamente que la ira justa es la que viene porque vemos que se quebranta la ley de Dios. Como dice Jerry Bridges en su libro titulado *Pecados respetables*: «La ira justa surge de una percepción correcta de la verdadera maldad; es decir, de una violación a la ley moral de Dios. Se centra en Él y su voluntad, no en nosotros y la nuestra».[1] Así que, podemos fácilmente reflexionar y darnos cuenta de que, lo más probable, es que nuestra ira generalmente no proviene de algo que podríamos llamar justo y, muchas veces, es algo que no controlamos bien.

### Pero ¿qué es la ira?

Creo que podemos reconocer fácilmente que la ira no es amor porque el amor es paciente y amable. Pero ¿qué es la ira? La ira es el descontento con los demás, y con las cosas o situaciones a las que reaccionamos con palabras, emociones, actitudes o acciones pecaminosas; y mientras nos comportamos de este modo, estamos dirigiendo este diluvio de maldad hacia el que se cree que

---

1. Jerry Bridges, *Pecados respetables: Confrontemos esos pecados que toleramos* (El Paso, TX: Editorial Mundo Hispano, 2008), p. 136.

está causando nuestro problema. Pero si queremos (y debemos) ser honestos, reconoceremos que, ante todo, y sin excusa alguna, la ira es pecado.

Puede ser que haya tanta ira en nuestra vida que estemos cegados ante el hecho de que nuestra ira es pecado contra Dios y contra los demás. Incluso, la ira puede ser tan parte de nosotros que, al ver a nuestro alrededor, puede parecer que está en todas partes y es la forma en que las personas se tratan y hablan con regularidad. De modo que podemos pensar que la ira es normal en la vida, en la sociedad o, incluso, que es necesaria en la humanidad. Pero, la ira es algo que debe estar bajo el dominio de Cristo si queremos vivir como cristianos.

## Dominio propio ante la ira

Entonces, cuando finalmente vemos que la ira es algo con lo que lidiamos y tiene consecuencias en los demás, ¿qué hacemos con ella? ¿Cómo comenzamos a avanzar y batallar con nuestra tendencia a querer ocultar o excusar/justificar nuestro enojo? ¿Cómo podemos mortificar verdaderamente este pecado de la ira? ¿Y cómo juega el dominio propio un papel en todo esto?

Como hemos visto hasta este punto en el libro, a lo largo de las Escrituras se nos dice que debemos tener dominio propio y hemos visto, poco a poco, cómo aplicarlo a varios aspectos de la vida, todo en dependencia del Espíritu Santo. Nuestra ira es otra área, otro pecado que debe ser dominado. Como todos habrán experimentado, la ira suele tomar control. No le gusta contenerse. No quiere tener riendas que la sujeten. Entonces, tener dominio propio nos ayudará a controlar nuestra ira, irritabilidad y frustración. Sin embargo, nadie dijo que fuera algo fácil, pero como sabrás a estas alturas: no estamos solos. Para esta titánica labor, la clave es la forma en que pensamos acerca de nuestra ira y el dominio propio. Cuando Pablo escribe acerca de los líderes de la iglesia, dice que deben ser sobrios y poseer dominio propio (Tit. 2:2). Pedro también habla de tener una mente sobria y dominio propio (1 P. 5:8-10). A menudo parece haber una conexión con el dominio propio y la forma en que pensamos. Y nuestros pensamientos deben ser, principalmente, nutridos y saturados por las Escrituras.

Por lo tanto, una de las primeras cosas de las que debemos darnos cuenta sobre el dominio propio y nuestra ira es que nuestro enojo nos ha hecho pensar incorrectamente acerca de Dios. Cuando nos enojamos, principalmente afirmamos que lo que Dios ha hecho está mal. Nuestro enojo tiende a venir de un lugar donde pensamos que merecemos algo mejor o creemos saber que hay cosas mejores que lo que Dios nos ha dado. Regularmente se encuentra que la ira es olvidar la gracia de Dios en nuestra propia vida y la bondad con la que Dios nos ha tratado. Cuando las personas hacen algo que creemos que está mal, nuestra falta de dominio propio se ve afectado por nuestra falta de sobriedad al pensar en nuestro Dios y en lo que Él está obrando en nosotros. Es ser como los israelitas y estar constantemente enojados con la providencia de Dios en nuestra vida. Mencioné anteriormente nuestra mudanza inesperada. En ese acontecimiento, en el centro de mi ira estaba la sensación de que me habían tratado injustamente y estaba olvidando la bondad de Dios para con nosotros en su sabia providencia. Aunque quería justificar mi ira sobre la base de lo que alguien más había hecho, en verdad, en ese momento me faltó el control de mí mismo, porque me había olvidado de que nuestro Dios realmente no me trata como lo merezco por mis pecados.

### ¿Cómo buscar dominio propio ante la ira?

Entonces, las formas más obvias de asegurarme de que tengo dominio propio y una mente sobria son la dependencia constante de la Palabra de Dios para informar mi pensamiento. La forma en que tengo la victoria sobre mi ira y otros pecados que son hermanos de esta es con mi mente constantemente transformada por la Palabra de Dios. Pablo dice en Romanos 12:2 que debemos ser transformados «mediante la renovación de [nuestra] mente». También les dice a los efesios que deben ser «renovados en el espíritu de su mente» (Ef. 4:23). Pablo parece estar sugiriendo que hay mucho que decir sobre cómo pensamos en nuestra batalla contra el pecado y nuestra capacidad de ser personas que tienen dominio propio. Si queremos matar nuestra tendencia a gritarles a los niños, a dejar que las opiniones de otras personas nos molesten, a enojarnos con esos corredores de la Fórmula 1 en nuestras calles, a hablar mal de otros, a tener resentimiento hacia los demás y toda una serie de otros pecados, entonces debemos tener constantemente nuestras mentes transformadas por la Palabra de Dios. Nunca podrás luchar contra la ira si constantemente piensas de manera incorrecta al respecto.

¿Cómo pensamos incorrectamente acerca de nuestra ira? Debemos dejar la costumbre de decir que la mayor parte de nuestra ira se debe a lo que otros han hecho. Para eso, es útil recordar que nadie nunca causa nuestra ira, sino que proviene de nuestro interior. Debemos dejar de culpar a otros. Las personas pueden darnos la oportunidad de responder con ira, pero nuestra ira no es su culpa. Cuando pienso incorrectamente, quiero culpar a otras personas y exponer por qué mi enojo está realmente justificado. Eso significa que no creo que mi ira sea verdaderamente pecaminosa y merecedora de la ira justa de Dios y, por lo tanto, no es tan mala. Puedes ver dónde mi pensamiento ha ido mal. Mi necesidad es que se me recuerde la inconmensurable bondad de Dios hacia mí y ver la gloria del evangelio como nueva. Mi pensamiento necesita recordarme cuán pecador soy y cuánto necesito verdaderamente la gracia de Dios. Esta es la forma principal en que mi pensamiento necesita ser transformado. Cuando mi enojo se apodera de mí o me encuentro con ese sentimiento regular de frustración o enojo hacia los demás, es para recordar el hecho de que soy un gran pecador que realmente no ha recibido lo que en verdad merece, sino que ha recibido misericordia en Cristo Jesús.

Por lo tanto, lo que eso debe producir en mí es una respuesta rápida y veloz a mi ira. Debo reconocer mi enojo y confesarlo regularmente cuando sé que estoy fallando en tener dominio propio y ser sobrio con mi enojo. Cuando tengo esa respuesta insistente de decirle a alguien lo que pienso, criticar a otros por cómo han hecho algo, o frustrarme con las personas en mi vida por no estar a la altura de mis expectativas, debo ir a Cristo y confesarlo. La forma de tener dominio propio es reconocer la existencia del pecado y sacarlo a la luz en lugar de ocultarlo o encubrirlo. Es ser rápido para ir a aquellos con los que me he enfadado, pedir perdón y confesar mis malas acciones. Esto es lo que hace una persona de mente sobria y con dominio propio. Ve la profundidad de su depravación y la confiesa abiertamente, arrepintiéndose y luego se esfuerza por una nueva obediencia en Cristo. Parece que el recaudador de impuestos en Lucas 18 se inclinó clamando a Dios por misericordia porque su pecado lo deshizo. Eso debe pasar en nuestro corazón al pensar en la maldad remanente en nuestra alma. ¡Pensar con sobriedad acerca de nuestro pecado nos ayuda a mantenernos honestos de modo que podamos ejercer más dominio propio!

## Conclusión

Finalmente, en un nivel práctico, quisiera cerrar este capítulo dando algunos consejos como experto en la ira. Usa el tiempo entre tus temporadas de ira para establecer formas de luchar contra ella. Nota que tu enojo tiene consecuencias y comienza a utilizar los momentos en que no estás enojado para tratar el enojo por lo que es: un ataque moral a la ley de Dios. Busca formas de atender las señales cuando la ira tiende a alejar lo mejor de ti. Memoriza y estudia las Escrituras que renuevan tu mente y te permiten ver las profundidades de tu pecado. Ora regularmente para que Cristo te haga ver cómo tu ira te hace perder el dominio propio. Pide a otras personas cercanas a ti que te ayuden a ver las formas en que permites que la ira se apodere de tu vida.

Sugiero estas cosas porque la ira le da al diablo un punto de apoyo, entonces, sin duda, querrás asegurarte de que tratas con la ira apropiadamente. En otras palabras, debes darle la muerte legítima que merece junto con cualquier otro pecado del que debes huir mientras corres hacia Cristo. En definitiva, querido santo, ahí es donde encontrarás descanso. Tu ira y falta de dominio propio nunca producirán paz. ¡Oh, pero correr a un Salvador que voluntariamente murió por ti, te otorgará paz y la capacidad de hacer morir este pecado de ira al otorgarte dominio propio que solo proviene de su Espíritu a través de la obra de la Palabra renovando tu mente! ¡Alabado sea Jesús por eso!

# 15

## El dominio propio y tu dinero

*LUIS CONTRERAS Y RUDY ORDOÑEZ*[1]

El dinero es peligroso. Sí, dinero, ese pedazo de papel que con el paso del tiempo ha mutado en su forma, pues ahora es plástico (tarjetas de débito o crédito), virtual (billeteras electrónicas o criptomonedas) o de muchas formas más. Pero, sin importar su representación, las bendiciones y maldiciones relacionadas con su uso o, mejor dicho, con su lugar en nuestro corazón, siempre están «a flor de piel». Por eso, consideramos que este capítulo era indispensable para un libro de este tipo: necesitamos saber cómo ejercer dominio propio sobre el dinero y nuestras finanzas en general.

Como hombres, la primera lección que debemos aprender sobre el dinero es que su uso no es algo que únicamente nos afecta a nosotros. En mayor o menor medida, para bien o para mal, impactará nuestras familias, ya sea a nuestros padres, hermanos, esposa, hijos, etc. De allí la gran importancia de aprender a dominarnos al momento de utilizarlo.

Podríamos preguntarnos: ¿Es el uso del dinero algo que le importa a Dios? La respuesta corta es: ¡Sí! Como veremos en este

---

1. Este capítulo ha sido adaptado y ampliado por Rudy Ordoñez con base en el sermón titulado: «Finanzas en el hogar», de Luis Contreras.

capítulo, el uso que damos al dinero tiene gran importancia para el Señor. No entender cómo la falta de dominio propio en nuestras finanzas es una ofensa a Dios es el primer paso en el camino a la perdición —no solo nuestra, sino también de los que amamos. Ante esta realidad, veremos a continuación principios que, si los aplicamos, nos ayudarán a ser buenos mayordomos de las bendiciones de Dios.

## Entendiendo el dinero a la luz de la Escritura

La Biblia tiene mucho que decir acerca del dinero. Por eso, para entender mejor el dominio propio en nuestras finanzas, será de utilidad comprender lo que la revelación especial de Dios —la Escritura— nos enseña al respecto. En primer lugar, tener dinero no es pecado (1 S. 2:7). No hay nada malo con ello. La Biblia no enseña que tener dinero o ser rico es pecado; de hecho, Abraham, Job y Salomón fueron muy ricos. En la Escritura es claro que Dios mismo puede disponer dar posesiones a algunos de sus hijos, puesto que todo es de Él (Hag. 2:8). Pero es importante entenderlo todo a la luz de su revelación, de tal manera que no caigamos en la trampa en la que muchos han caído.

Lamentablemente, a menudo podemos tomar posiciones extremas no bíblicas que no hacen sino dañar a muchos e imponer cargas que el Señor no impone. Por un lado, por ejemplo, se ha creado una subcultura cristiana de aversión al dinero, llegando a creer que las posesiones —y no el corazón del ser humano— son la causa de muchos males. Por el otro, es importante señalar que muchos han hecho suyo el «evangelio de la prosperidad», trayendo mucho error y confusión al cuerpo de Cristo.[2] A diferencia

---

2. «Evangelio de la prosperidad» se define a menudo como que «Dios tiene la intención de que todos sus hijos disfruten salud y riqueza en abundancia». John R. W. Stott, *The Letters of John: An Introduction and Commentary* [*Las Cartas de Juan: Una introducción y comentario*], vol. 19, Tyndale New Testament Commentaries [Comentarios Tyndale sobre el Nuevo Testamento] (Downers Grove, IL: InterVarsity Press, 1988), p. 227. También se ha definido como: «la idea de que la vida de fe resulta en salud, riqueza y felicidad». John H. Walton y Tremper Longman III, *How to Read Job* [*Cómo leer Job*] (Downers Grove, IL: IVP Academic, 2015), p. 154. Para un mejor entendimiento del evangelio

de estos extremos, Deuteronomio 8:18 recordó lo siguiente a Israel, cuando estaban a punto de recibir las bendiciones de una tierra que Dios les había prometido: «Él es el que te da poder para hacer riquezas, a fin de confirmar Su pacto, el cual juró a tus padres como en este día». En pocas palabras: toda nuestra habilidad para generar ingresos viene directamente del Señor. Por eso, si queremos ser bíblicos en nuestro manejo del dinero, nuestra dependencia debe venir del Señor siempre.

También debemos comprender que el dinero nos es encomendado por Dios. Esto quiere decir que somos mayordomos (1 Cr. 29:12). Sin importar la cantidad de dígitos en nuestra cuenta bancaria o los billetes guardados bajo el colchón de la cama, debemos mantener en mente que eso no es nuestro. Todo cuanto poseemos pertenece al Señor (Sal. 24:1). Él es el Dueño de todo lo que afirmamos que es «nuestro». Incluso nosotros somos suyos. Entonces, al ser mayordomos o administradores, se espera de nosotros que hagamos buen uso del dinero, porque tenemos un Señor a quien rendirle cuentas por las buenas o malas decisiones, por la falta de dominio propio o la abundancia de este sobre nuestro dinero y finanzas.

Como hombres renovados, debemos tener claro que el dinero debe permanecer a los pies del Señor; en otras palabras: no debemos hacer un ídolo de él (Mt. 6:33). Una y otra vez muchos lo hacen. Con razón Juan Calvino dijo que «la mente humana es, por así decirlo, una fábrica perpetua de ídolos»[3] y, en esta alta capacidad de crear ídolos, el dinero —sin duda alguna— es uno de ellos. Si no tenemos cuidado, podemos llegar al punto de determinar nuestro estado de ánimo según la cantidad de

---

de la prosperidad y sus riesgos para el cristiano, véase Costi W. Hinn, *Dios, la avaricia y el evangelio (de la prosperidad)*: *Cómo la verdad desmorona una vida construida sobre mentiras* (Nashville, TN: Editorial Vida, 2019).

3. John Calvin, *Institutes of the Christian Religion* [*Institución de la religión cristiana*], traducido por Henry Beveridge, edición revisada (Peabody, MA: Hendrickson Publishers, 2009), I.11.8, p. 55. Calvino también afirmó en sus reflexiones que «difícilmente se encuentra un individuo sin un ídolo o un fantasma como sustituto de la Deidad». *Ibíd.*, I.5.12, p. 23.

dinero que tengamos disponible. Si nuestro dios dinero es abundante, nuestras emociones están arriba, pero si el tirano dinero es poco, nuestros sentimientos nos tiran al suelo, derrotados. A veces podemos vernos tentados a actuar como los discípulos: «Entonces Pedro le respondió: "Mira, nosotros lo hemos dejado todo y te hemos seguido; ¿qué, pues, recibiremos?"» (Mt. 19:27). No podemos ver la vida cristiana ni el servicio al Señor de esta forma. Cuidemos nuestro corazón y velemos porque el dinero no sea nuestro ídolo o nuestra adoración. Si el Señor nos llama a dejar posesiones u otras cosas, no nos aferremos a ellas. Más bien, unámonos a Job cuando expresó con sinceridad lo siguiente: «Desnudo salí del vientre de mi madre y desnudo volveré allá. El SEÑOR dio y el SEÑOR quitó; bendito sea el nombre del SEÑOR» (Job 1:21).

Algo muy importante a considerar es que el dinero no debe hacer diferencia alguna en cómo tratamos a la gente; en palabras de Santiago: «si muestran favoritismo, cometen pecado y son hallados culpables por la ley como transgresores» (Stg. 2:9). En un mundo secular, que no ama ni busca a Dios y en el cual la persona vale según lo que posee, la Iglesia de Cristo debe ser un recinto de seguridad. Debe ser como un oasis en el desierto. Debe ser un resguardo, así como esas ciudades de refugio establecidas en el Antiguo Testamento. La familia de la fe debe mostrar a una sociedad decadente la forma en que ricos y pobres se sientan a la mesa juntos, sirviéndose unos a otros, sin consideración de rango, escala ni clase social.

Si el Señor provee dinero, debemos usarlo adecuadamente y cuidarnos de no aferrarnos al mismo ni permitir que el orgullo deje su huella (1 Ti. 6:17-19; Pr. 11:28). Si el Señor nos da algo, debemos usarlo para su gloria. Debemos abundar en buenas obras para con la Iglesia y nuestro prójimo, no para ganar algo, sino por gratitud al Señor por lo que Él nos ha dado. Al mismo tiempo, debemos reconocer que nuestra seguridad es en Cristo. Pero la tendencia pecaminosa humana es confiar en las posesiones, cubriéndonos bajo la sombra del dinero. Si hacemos esto, lo único que reflejamos es la poca confianza que tenemos en nuestro Señor. Dios desea que confiemos solamente en Él (He. 13:5), no en nuestras posesiones o estrategias. La confianza del creyente es la Roca eterna, el inmutable, quien promete y cumple: nuestro trino Dios. En este escenario, no hay espacio para la jactancia, únicamente para la rendición y adoración ante nuestro buen Dios.

## Administrando el dinero a la luz de las Escrituras

Aprender a tener dominio en el uso del dinero implica que aprendamos a hacer un uso correcto de este y, por supuesto, al mejor lugar al que podemos ir para esta labor es a la revelación de Dios en su Palabra, tal como hicimos en el punto anterior. Pero ¿qué espera Dios de nosotros en cuanto a este tema tan difícil y tan mal manejado? Familias se han desintegrado, vidas se han perdido, amistades han sido rotas, entre otras cosas. El problema no es minúsculo, y debemos actuar antes de que sea demasiado tarde.

Pablo entendía perfectamente el riesgo; por eso advirtió a Timoteo que «la raíz de todos los males es el amor al dinero» (1 Ti. 6:10a). De hecho, fue mucho más específico que eso, hablando de las consecuencias que sufrieron muchos de los que decidieron amar el dinero: se «hunden [...] en la ruina y en la perdición [...] se extraviaron de la fe y se torturaron con muchos dolores» (1 Ti. 6:9, 10b). En definitiva, es una mala idea amar el dinero. Dios debe ser el único digno de nuestra devoción, adoración y confianza (Jn. 14:15; Mt. 6:24). Debemos considerar el dinero como lo que es: una herramienta, no un ídolo al que debemos adorar y rendir pleitesía. Poner tu confianza en el dinero no te llevará a puerto seguro. Tal como Pablo continuó advirtiendo a Timoteo: «no [seamos] altaneros ni [pongamos nuestra] esperanza en la incertidumbre de las riquezas» (1 Ti. 6:17).

También es importante ser honestos en cuanto al dinero, particularmente en cómo lo generamos o, más bien, cómo lo ganamos. En otras palabras, el dinero que ganemos no debe ser *malhabido*. Debe ser lícito. ¿Por qué? Porque algo ilícito no es agradable a Dios. Por eso, robar está mal. Es pecado (Éx. 20:15).

Pero no sucede únicamente al generar ingreso de manera indebida, hay otras maneras de cometer actos ilícitos en cuanto al dinero. Fallaremos al Señor si no pagamos lo que debemos (Sal. 37:21), por ejemplo, o si engañamos a otros al hacer negocios, transacciones y demás (cp. Am. 8:5; Os. 12:7) —¡esto incluye nuestra declaración de impuestos! (cp. Mr. 12:17)—. Seamos esforzados (Pr. 28:19), y confiemos en que Dios proveerá lo necesario para nosotros.

Además, si estamos en posición de ayudar o emplear a otros, debemos asegurarnos de ser buenos en nuestro trato. En otras palabras, no debemos abusar de nadie, mucho menos de alguien en necesidad (Lv. 25:35-37; Sal. 15:5). Esto incluye pagar lo que se espera (Stg. 5:4) en el momento acordado. No olvidemos que eso honra a Dios. No hay excepciones.

Aparte de evitar amar el dinero y asegurarnos de que generamos nuestro ingreso lícitamente —únicamente con base en nuestro esfuerzo y dependiendo del Señor—, es indispensable aprender a usar el dinero sabiamente. Para comenzar, debemos proveer para nuestra familia: «Pero si alguien no provee para los suyos, y especialmente para los de su casa, ha negado la fe y es peor que un incrédulo» (1 Ti. 5:8). Estas palabras son firmes y llenas de verdad. Dios quiere que proveamos para los nuestros. En su plan, esta es una prioridad para nosotros. Al mismo tiempo, no podemos cerrarnos a las necesidades de otros: «Pero el que tiene bienes de este mundo, y ve a su hermano en necesidad y cierra su corazón contra él, ¿cómo puede morar el amor de Dios en él?» (1 Jn. 3:17).

Por último, es importante saber ahorrar. Es de sabios hacerlo. Proverbios 10:4 describe cómo se ve un hombre prudente: «El que recoge en el verano es hijo sabio, el que se duerme durante la siega es hijo que avergüenza» (Pr. 10:5). Parte de la prudencia que se espera de nosotros como hijos de Dios es también saber invertir lo que Dios nos da en el tiempo adecuado (cp. Mt. 25:27). Igual sucede con nuestra ofrenda al Señor a través de la iglesia local. Esto no debe ser impuesto por otros. No debe darse de manera forzada, sino «que cada uno *dé* como propuso en su corazón, no de mala gana ni por obligación, porque Dios ama al que da con alegría» (2 Co. 9:7). No olvidemos que vamos a dar cuentas de todo.

## Conclusión

Es un mandato del Señor que cada uno de sus hijos viva sabiamente —con dominio propio— al administrar su dinero y sus finanzas, de modo que podamos tener paz y gozo. Es por esta razón que Él nos da principios bíblicos claros sobre el dinero para entenderlo y administrarlo adecuadamente. Aunque seguramente sabemos lo anterior, no siempre hacemos lo que debemos, por eso es importante refrescar la memoria y recordar lo que Dios ha hablado.

¿Quieres tomar tu temperatura espiritual? Revisa tu chequera o tus recibos. ¿En dónde estás invirtiendo tu tesoro? Ahí es donde tu corazón realmente está. Recuerda: Dios no te provee solo para que acumules para ti mismo, sino para usar los recursos que Él te da para su gloria. Al mismo tiempo, disfruta de lo que Dios te da, pero gózate aún más en este Dios que provee para sus hijos. Cuídate de no olvidar al Dios de las bendiciones (Dt. 6:10-15) y no olvides usar tus recursos como Dios quiere que lo hagas.

# 16

# El dominio propio en tu iglesia

*ROBERTO SÁNCHEZ*

Habiendo entendido qué es el dominio propio y cómo debemos aplicarlo en diferentes aspectos de nuestra vida, este capítulo y los tres que le siguen introducirán una serie de lugares en donde es importantísimo ejercer dominio propio. En verdad es vital tener dominio propio en nuestra iglesia local (este capítulo), en nuestro trabajo (capítulo 17) y en nuestro hogar (capítulo 18). Todo en nuestra vida debe estar bañado de dominio propio, cada área, cada lugar, cada esfera. Debemos depender de Dios constantemente y dejar que su Espíritu obre en cada uno de nosotros.

En el mundo helenista se consideraba el dominio propio una de las cuatro virtudes cardinales (siendo las otras la sabiduría, el ánimo y la justicia), las cuales tenían el fin de promover harmonía entre los humanos. Los griegos creían que nada era más beneficioso para los mortales que estas virtudes, especialmente para aquellos que deseaban gobernar a otros.[1] Sin embargo, los tiempos de hoy definitivamente han cambiado y la cultura del

---

1. Moises Silva, *New International Dictionary of New Testament Theology and Exegesis* [*Nuevo diccionario internacional de la teología y exégesis del Nuevo Testamento*], vol. 4 (Grand Rapids: Zondervan, 2014), pp. 443-445.

mundo —por lo general— no considera el dominio propio como un valor a perseguir o cultivar. En cambio, entre más se experimenta con el pecado mostrando su desvarío públicamente e involucrándose en desfiles cargados de inmoralidad, más será alguien aceptado y celebrado. El descontrol ha venido a ser una virtud. No hay duda de que los tiempos han cambiado y la Iglesia ha sido también afectada por este libertinaje cultural.

No obstante, en la Biblia, se exhorta al cristiano a abstenerse de las «pasiones carnales» (1 P. 2:11); es decir, de «la fornicación, la impureza, las pasiones, los malos deseos y la avaricia» (Col. 3:5), de las «envidias, borracheras, orgías y cosas semejantes» a estas (Gá. 5:21), y «de toda forma de mal» (1 Ts. 5:22). No debemos ejercer esta abstinencia en nuestras fuerzas, sino en la habilitación que solamente el Espíritu de Dios da a los creyentes. Por esto Pablo dice que «no nos ha dado Dios espíritu de cobardía, sino de poder, de amor y de dominio propio» (2 Ti. 1:7).

## ¿Por qué es importante el dominio propio en la Iglesia del Señor?

Vivir en la iglesia (la iglesia local) carente de dominio propio es como un automóvil sin frenos o una embarcación sin control que choca con otros y termina dañando a su prójimo con sus engaños o abusos. Esto no es poca cosa. ¡Cuántos han sido lastimados por los que deben amar y ser amados! Sí, es cierto que el dominio propio es una cualidad interna y personal; sin embargo, sus efectos se hacen notar en la vida de los que están a su alrededor.

Por eso, Proverbios, por ejemplo, advierte de lo que sucede cuando el descontrol es evidente (Pr. 25:28). Cada iglesia le pertenece al Señor. Él es Señor de la Iglesia (Col. 1:17-18) —todos los redimidos de todas las edades, pasado, presente y futuro— y de cada iglesia —esto es, cada iglesia local. Por lo tanto, no puede haber descontrol. Todo lo que hacemos en nuestras iglesias debe hacerse en orden y para el Señor. El descontrol es, en sí mismo, falta de dominio propio.

En Proverbios también se hace un contraste entre el que tiene dominio propio y el que no (Pr. 29:11). En cada iglesia habrá malentendidos, descuidos, errores, pecado, orgullo, deseos de sobresalir, faltas, inconsistencias, necedades, entre otras cosas. Todo esto, puesto junto, es una bomba de tiempo. No podemos permitir que el disgusto, que la molestia y que el enojo se apoderen de nosotros. Debemos velar los unos por los otros, amarnos los unos a los otros y tenernos paciencia, modelando al mundo que lo que nos une es más grande que lo que no (cp. Jn. 13:35). Además, Proverbios pone muy en alto al hombre «que domina su espíritu» (Pr. 16:32). A veces tendemos a valorar más al que toca bien la guitarra, al que es bueno con los niños, al que llega temprano, etc., pero nos cuesta trabajo tener en alta estima al que controla su vida por el poder del Espíritu Santo. Esto nos debe enseñar también a valorar lo que Dios valora. A veces esa persona que habla poco puede que no sea tímida; es alguien que está sujeta al Espíritu de Dios y habla solo cuando es oportuno.

Aunque cuando se escribió el libro de Proverbios la Iglesia no existía aún como entidad, los principios que destilan de este libro han sido aplicables para los hijos de Dios. Por lo tanto, sabemos que Dios desea que sus hijos tengan dominio propio dejando que el Espíritu Santo controle los pensamientos, sentimientos y acciones de los creyentes, no solo para el bien de la iglesia, sino también para maximizar la gloria de Dios.

Ahora bien, desde otra perspectiva —en mi experiencia de más de 30 años como pastor—, me doy cuenta de cómo el dominio propio es radicalmente importante para cumplir este oficio. El pastor —y ciertamente todo líder— constantemente vive amenazado con diversas situaciones. Como vimos anteriormente, Pablo le recuerda a Timoteo, quien está por aceptar un nuevo ministerio eclesiástico en la ciudad de Éfeso, que no tema y que, en cambio, ejercite su dominio propio (2 Ti. 1:7). Estas palabras de Pablo hacen eco de la encomienda que el Señor da a Josué cuando le dice: «¿No te lo he ordenado Yo? ¡Sé fuerte y valiente! No temas ni te acobardes, porque el Señor tu Dios *estará* contigo dondequiera que vayas» (Jos. 1:9). La realidad es que servir al Señor no es para cobardes, y tanto el pastor como la congregación deben aceptar el desafío de estar controlados por el Espíritu Santo para ejercer el ministerio que Él nos ha llamado a hacer. Es un ministerio mutuo, como miembros del cuerpo de Cristo, sirviéndonos, animándonos, exhortándonos unos a otros, y mucho más (cp. Ef. 4:15-16) y, por lo tanto, debemos ser esforzados y controlados. Ser tímido y cobarde es lo contrario de ser controlado por el Espíritu de Dios (cp. Ef. 5:18; Col. 3:16).

Cuando el Espíritu de Dios ejerce control, entonces, hay un poder que nos impulsa a hacer el ministerio con tenacidad, sea lo que sea, sea lo que esto implique. También hay amor, lo cual promueve un cristianismo auténtico de aceptación. Además, según Pablo, hay dominio propio, lo cual se hará evidente en la discreción, moderación y prudencia. Este dominio propio, dado por el Espíritu, nos provee la oportunidad de controlar nuestros pensamientos y sentimientos para actuar en conformidad a su voluntad y no la nuestra.

Para Timoteo, y para nosotros como hombres —ya sea que seas líder en tu iglesia local o no—, este fruto del dominio propio nos habilita para mantener una claridad de pensamiento y emoción ante situaciones de oposición y confrontación que constantemente amenazan a la Iglesia del Señor. Por esto Pablo le ordena a Timoteo y a todo pastor de la iglesia del Señor:

Pero rechaza los razonamientos necios e ignorantes, sabiendo que producen rencillas. El siervo del Señor no debe ser rencilloso, sino amable para con todos, apto para enseñar, sufrido. Debe reprender tiernamente a los que se oponen, por si acaso Dios les da el arrepentimiento que conduce al pleno conocimiento de la verdad, y volviendo en sí, *escapen* del lazo del diablo, habiendo estado cautivos de él para *hacer* su voluntad (2 Ti. 2:23-26).

El siervo del Señor necesita el dominio propio y la disciplina para corregir en amor y en el poder que solo el Espíritu es capaz de dar a sus siervos. Para poder guiar a la iglesia del Señor, el ministro necesita dominio propio; es decir, una mente controlada no por sus emociones, sino por la Palabra de Dios. El mundo promueve libertinaje, irracionalidad y vivir conforme a los instintos o corazonadas. Sin embargo, nosotros como pastores y cristianos somos invitados a abrazar el dominio propio, lo cual denota cuidado y sensibilidad de mente; en otras palabras: la habilidad de pensar claramente en conformidad a la revelación de Dios.

La filosofía de vida del mundo está basada en la premisa: vive como quieras. Sin embargo, la manera de vivir de un cristiano es dominada por el Espíritu para vivir con dominio propio. No vivimos para nosotros, sino para Dios. Si queremos vivir para la honra de Dios y el beneficio de su Iglesia, debemos añadir a nuestra fe dominio propio en todo lo que hagamos en nuestras iglesias locales.

### ¿Cómo cultivar el dominio propio en la iglesia local?

Considerando cómo cultivar el dominio propio en nuestra iglesia llegaremos al hecho de que debemos añadir dominio propio a nuestra vida, ya que sinceramente todo comienza por cada uno de nosotros. El dominio propio es un asunto del corazón. Es individual, no corporativo. Jesús lo dijo de la siguiente manera: «Porque de adentro, del corazón de los hombres, salen los malos pensamientos, fornicaciones, robos, homicidios, adulterios, avaricias, maldades, engaños, sensualidad, envidia, calumnia, orgullo e insensatez» (Mr. 7:21-22). ¿Quién puede tratar con nuestro corazón sino solamente el Señor? La Palabra dice que debemos ser llenos del Espíritu Santo para que Él ejerza dominio en nosotros. Por esta razón, debemos entender adecuadamente el dominio propio, porque en realidad este dominio no es propio del cristiano, en el sentido de que viene del creyente mismo, sino que el dominio propio es fruto del Espíritu Santo (Gá. 5:23).

Para Pablo, ser lleno del Espíritu Santo es ser controlado por el Espíritu Santo (Ef. 5:18). Si creemos que el dominio propio es un resultado de la obra del Espíritu en nosotros, entonces necesitamos entender que este autocontrol no es propio o natural en el humano, sino que es el resultado de la actividad divina en el creyente. Esto es un asunto espiritual y no humano, como lo concebían los griegos. Ahora bien, esto no significa inercia de nuestra parte, sino que si «todo lo puedo en Cristo que me fortalece» (Fil. 4:13), entonces esto del dominio propio no es propio, sino que es una actividad de Dios en el creyente (Fil. 2:12).[2]

La clave que Pablo nos da en Efesios 5:18 es contundente para añadir dominio propio a nuestra vida. El pasaje dice así: «Y no se embriaguen con vino, en lo cual hay disolución, sino sean llenos del Espíritu». Este texto está compuesto de dos verbos imperativos —uno negativo («Y no se embriaguen con vino») y otro positivo («sino sean llenos del Espíritu»). Los dos verbos imperativos están escritos en un tiempo presente mostrando que este no es un asunto del pasado o del futuro, sino de acciones presentes. Los dos verbos imperativos están escritos con voz pasiva, lo cual es un llamado a no hacer algo, sino a permitir que algo pase en nosotros como consecuencia de la obra del Espíritu Santo en nosotros. Para cada imperativo hay acciones asociadas como consecuencia o resultado. En el caso del primer imperativo la consecuencia es «en lo cual hay disolución»; en el segundo, se ven en los versículos posteriores, que son una serie de tres participios (Ef. 5:19-22), los cuales muestran cómo luce una persona llena del Espíritu Santo.

En esta carta, el apóstol Pablo dice a los creyentes que ellos ya son «sellados» con el Espíritu Santo (Ef. 1:13), que no deberían contristar al Espíritu Santo (Ef. 4:30) y, en cambio, debían ser «llenos del Espíritu» (Ef. 5:18). Estar sellados por el Espíritu

2. Everett F. Harrison, «Self-Control» [«Dominio propio»], editado por Carl F. H. Henry, *Baker's Dictionary of Christian Ethics* [*Diccionario Baker de ética cristiana*] (Grand Rapids: Baker, 1973), p. 611.

Santo no es lo mismo que ser llenos del Espíritu Santo. Ser llenos del Espíritu no es un asunto de una vez en la vida, sino que es una dinámica constante de todos los días. Este pasaje no es una promesa, sino un mandamiento. La primera parte del pasaje ayuda a entender la segunda parte del mismo. Si una persona embriagada es controlada por el vino, así el que es lleno del Espíritu es también controlado por el Espíritu. Entonces, ser lleno del Espíritu tiene que ver con el control del Espíritu sobre la vida de un creyente.

¿Cómo ejerce el Espíritu Santo control en un creyente? El pasaje paralelo a Efesios 5:18–6:9 es Colosenses 3:16–4:1. Este paralelismo no puede ignorarse para contestar esta pregunta.[3] El paralelo equivalente a Efesios 5:18 es Colosenses 3:16 donde Pablo dice: «que la palabra de Cristo habite en abundancia en ustedes». El Espíritu Santo usa la Palabra de Cristo para transformar a los creyentes a la imagen de Cristo. La Palabra debe abundar en el corazón de los creyentes para generar lo que es agradable al Señor.

## Conclusión

John MacArthur correctamente declara: «Ser llenos del Espíritu significa vivir en la presencia consciente del Señor Jesucristo y permitir que su mente, por medio de la Palabra, domine todo lo que se piensa y se hace. Ser llenos del Espíritu es lo mismo que andar en el Espíritu».[4] Ser lleno del Espíritu Santo y que la Palabra de Cristo more en abundancia en su vida son dinámicas similares que producen dominio propio en el creyente. Es mi oración que permitas que el Espíritu Santo ejerza control en tu vida por medio de la Palabra de Cristo. En tu iglesia local, evita señalar constantemente la falta de dominio propio

---

3. Max Anders, *Galatians-Colossians* [*Gálatas-Colosenses*], vol. 8, Holman New Testament Commentary [Comentario Holman del Nuevo Testamento] (Nashville, TN: B&H, 1999), pp. 331-332.

4. John MacArthur, *Biblia de Estudio MacArthur* (Nashville, TN: Thomas Nelson, 1997), Ef. 5:18.

en tu hermano y asegúrate que tu vida está sujeta al Espíritu. ¡Obedece la Palabra de Dios, pues a su tiempo gozarás del fruto del Espíritu —dominio propio—! Recuerda que el verdadero dominio propio no es tuyo. No se trata de tu propio dominio o capacidad de autocontrol, sino del dominio que el Espíritu Santo ejerce en tu corazón.

# 17

## El dominio propio en tu trabajo

*RUDY ORDOÑEZ*

No solo en la iglesia local tenemos que poner en práctica nuestro dominio propio: una buena parte de nuestro día lo pasamos trabajando. Desde la creación perfecta en el huerto del Edén el Señor dio al ser humano la responsabilidad de trabajar, labor que después de la Caída se vio afectada por la maldición del pecado. Esto implica que, a diario, nuestro trabajo se verá afectado por nuestros pecados o el pecado de otros. Y en la interacción con pecadores, el dominio propio suele ser una piedra en el zapato. En virtud de lo anterior, en este capítulo pretendo utilizar algunos principios que mis hermanos han expuesto previamente, aplicándolos al entorno laboral y exponiendo algunos detalles de cómo mi propia falta de dominio propio ha afectado mis relaciones de trabajo.

### Relacionándonos con nuestros jefes

Estoy casi seguro de que nadie se queja de los jefes, ¿cierto? Si te reíste es porque sabes lo común que es hacerlo —y porque es posible que lo hayas hecho también. De hecho, está casi «institucionalizado»: todo el mundo lo hace. Tristemente, yo mismo lo he hecho también. En más de una ocasión no he tenido dominio propio en mi relación con mis superiores.

Solemos quejarnos de nuestros jefes porque a nuestros ojos son malos, nunca se preocupan por nuestras necesidades y, por ende, nos «explotan». Pero esta valoración suele ser injusta cuando la hacemos nosotros, los cristianos. ¿Por qué digo esto? Como creyentes entendemos que cada ser humano nace con una naturaleza pecaminosa, la que lo lleva a actuar de formas contrarias a las que Dios ha mandado. Entonces no podemos esperar que nuestros jefes sean «blancas palomitas» o «moneditas de oro», honrando y agradando a todos.

Debemos partir de un punto fundamental: nuestros jefes son y serán personas que, incluso siendo creyentes, lucharán continuamente con el pecado de su corazón. Sí, es cierto, algunos no luchan, sino que simplemente se dejan llevar por la maldad de su alma. De modo que los malos tratos seguramente estarán presentes en nuestra vida laboral. Sin embargo, esto no es justificante para que perdamos los estribos, pecando contra el Señor y contra ellos.

Considerando todo lo anterior, sabemos que poseemos los elementos perfectos para que ante nuestros jefes fallemos en tener dominio propio. Piénsalo: el pecado de ellos sumado al nuestro es la fórmula perfecta para el desastre. Al mismo tiempo, debemos tener presente que el Señor nos llama a honrar a nuestros jefes en todo tiempo: «Siervos, obedezcan a sus amos en la tierra, con temor y temblor, con la sinceridad de su corazón, como a Cristo» (Ef. 6:5; cp. Col. 3:22; 1 Ti. 6:1).

Así que, siempre y cuando nuestros jefes no nos lleven a actuar de maneras que deshonren al Señor, es nuestro deber cristiano obedecerlos, sin importar si estos son buenos o malos con nosotros. Pero cuando estos sean malos, podemos y debemos aplicar la misma oración que se nos manda hacer por nuestros gobernantes, a fin de vivir en paz:

Exhorto, pues, ante todo que se hagan plegarias, oraciones, peticiones y acciones de gracias por todos los hombres, por los reyes y por todos los que están en autoridad, para que podamos vivir una vida tranquila y sosegada con toda piedad y dignidad (1 Ti. 2:1-2).

En diversas ocasiones, cuando la relación con mis jefes no ha sido la mejor, he ido al Señor en oración no solo para resolver el problema o para ser del agrado de mi superior, sino también para la salvación de sus almas si no son creyentes, o para una relación más profunda con Él cuando dicen ser creyentes. El resultado no siempre ha sido que la relación mejore, pero lo que sí ha sucedido siempre es que mi corazón tiene paz y puedo descansar en el Señor, quien ha prometido que todo —incluso la mala relación con mis jefes y mis momentos de falta de dominio propio— «[coopera] para bien, *esto es*, para los que son llamados conforme a *Su* propósito» (Ro. 8:28b).

## Relacionándonos con nuestros subordinados

Pero la responsabilidad de tener dominio propio no es solo ante tu jefe; si el Señor te ha puesto en autoridad, debes asegurarte también de que agradas al Señor teniendo dominio propio sobre aquellos que Él ha puesto bajo tu cargo. Desde el inicio de mi vida laboral, a excepción de dos años, he estado en puestos de liderazgo. He ocupado jefaturas, subgerencias y gerencias con diferentes equipos de trabajo, teniendo desde cuatro hasta más de cincuenta personas a mi cargo. Algo que he tenido claro desde el principio es que mi trabajo sería el resultado del esfuerzo de mi equipo, así que he dependido de ellos para que mis responsabilidades se cumplan.

Depender de otros no siempre es fácil ya que, en nuestro egoísmo, nos suele molestar que las acciones de los demás sean las que determinen nuestro éxito o fracaso. Entonces, al necesitar de otros, es sumamente fácil que nuestro dominio propio suela perderse. Es allí donde el mal humor, las palabras subidas de tono, las frases hirientes y demás se hacen presentes en nuestras relaciones con el equipo de trabajo que se nos ha confiado. De este modo, la confianza que la institución para la que laboramos nos ha dado se comienza a perder. Si este es el caso, no solamente le fallamos a nuestro empleador, sino que también le fallamos al Señor: «Amos, traten con justicia y equidad a sus siervos, sabiendo que ustedes también tienen un Señor en el cielo» (Col. 4:1).

Como jefes o personas en autoridad, Dios demanda de nosotros que tratemos con justicia y bondad a aquellas personas que laboralmente dependen de nosotros, ya que esta es la forma en que Dios trata con nosotros. ¿Te imaginas que Dios, como tu Señor, perdiera el dominio propio cada vez que no sigues su ritmo? ¡Sería terrible!

En Efesios 6:9, Pablo hace una advertencia a los que están en autoridad: «Y *ustedes*, amos, hagan lo mismo con sus siervos, y dejen las amenazas, sabiendo que el Señor de ellos y de ustedes está en los cielos, y que para Él no hay acepción de personas». A los que están en autoridad, se les manda a hacer «lo mismo con sus siervos». ¿Qué es lo mismo? Al leer unos versículos atrás, notarás que se habla de obediencia; aunque en la relación jefe-subordinado, se refiere a respeto. Sí, Dios manda que los jefes respeten a las personas bajo su cargo. Surge, entonces, una pregunta: ¿Es posible respetar a alguien cuando se pierde el dominio propio? No. Debemos ejercer dominio sobre nuestro carácter, nuestras emociones y sentimientos y hacer nuestro trabajo respetando, valorando y tratando bien a todos.

Por tal motivo, cada vez que nuestro orgullo por depender del trabajo de nuestros colaboradores intente tirar nuestro dominio propio al suelo, recordemos que perder los estribos —perder el control— hará que fallemos al mandato del Señor de ser respetuosos con nuestros subordinados. Recordemos que sin importar donde estemos, Dios quiere que seamos hombres que dependan de Él y exhiban el fruto del Espíritu en todo tiempo. El dominio propio es indispensable para poder cumplir con el mandato de Dios con tu equipo de trabajo.

## Relacionándonos con nuestros compañeros

Habiendo reflexionado en el hecho de que es posible perder el dominio propio con los jefes y subordinados, es oportuno que consideremos ahora las relaciones con nuestros compañeros de trabajo. ¿Por qué es importante el dominio propio también en esta relación o en esta área? Para cumplir lo que el Señor nos ha mandado como hijos suyos. Veamos algunos versículos que nos ayudan a traer luz sobre este punto:

Hagan todas las cosas sin murmuraciones ni discusiones, para que sean irreprensibles y sencillos, hijos de Dios sin tacha en medio de una generación torcida y perversa, en medio de la cual ustedes resplandecen como luminares en el mundo, sosteniendo firmemente la palabra de vida, a fin de que yo tenga motivo para gloriarme en el día de Cristo, ya que no habré corrido en vano ni habré trabajado en vano (Fil. 2:14-16, énfasis añadido).

Este versículo nos coloca contra la pared: Debemos ser luminares en un mundo que celebra cada vez más y más el no respetar a otros y el pasar por encima de cualquiera con tal de lograr el éxito. Como hijos de Dios, no podemos hacer esto con nadie, incluyendo nuestros compañeros de trabajo. La Escritura también nos manda a «and[ar] sabiamente para con los de afuera, aprovechando bien el tiempo» (Col. 4:5). El punto es que los tiempos son malos; por lo tanto, debemos aprovechar cada instante, de modo que nuestro andar con nuestros compañeros de trabajo sea sabio.

¿Qué significa sabio? Al relacionarnos con otros en la oficina, suele suceder que el nivel de confianza es mayor que con los jefes o con los que están subordinados a nosotros. Entonces, es muy frecuente que el dominio propio no se pierda producto de la ira, sino por competir con otros, por celos hacia otros, por conversaciones subidas de tono, por ver imágenes sexuales, por dar opiniones irrespetuosas e inmorales sobre las mujeres, etc. Si caemos en esto, sin duda podemos hacer nuestro el reclamo que el apóstol Pablo hizo a los judíos en el libro de Romanos cuando les dijo: «Tú que te jactas de la ley, ¿violando la ley deshonras a Dios? Porque tal como está escrito: "EL NOMBRE DE DIOS ES BLASFEMADO ENTRE LOS GENTILES POR CAUSA DE USTEDES"» (Ro. 2:23-24). Esto no es vivir como sabio.

Si fallamos en tener dominio propio, el nombre del Señor será tenido en poco entre nuestros compañeros de trabajo. Serviremos de piedra de tropiezo, y no podremos ser utilizados por el Espíritu Santo para traer a salvación a alguien en nuestra oficina. Seamos luz y no demos oportunidad a que Cristo sea deshonrado. Vivamos para Dios en todo tiempo, sabiendo que el Señor se agrada en ello.

## Dominio propio al desear pertenecer

Además de todo lo anterior en cuanto a las relaciones laborales, existe otro punto importante a considerar, y esto es querer ser parte del equipo, ese deseo de pertenecer. Muchos han pasado por esto y, como te imaginarás, ese deseo puede llevarte a lugares peligrosos. Lo que aquí describo me llevó a causar tanto daño en otros, que he decidido darle un apartado exclusivo en este escrito.

En mi primer empleo, con 22 años recién cumplidos, llegué a un entorno laboral que me resultaba emocionante, pues veía cómo aquellos que tenían más tiempo en el trabajo manejaban el día a día: tomaban decisiones importantes, hablaban usando términos que hasta ese momento solo había visto en libros, resolvían problemas, eran pacificadores en conflictos, etc. Al ser nuevo, no solo en la oficina, sino también en la vida laboral, comencé a hacer cosas a fin de ser aceptado por la «manada». Quería ser reconocido como uno más del grupo. Quería pertenecer. Eso me llevó en su momento a estar envuelto en conversaciones que dañaron a otras personas, incluso lastimé a individuos por quienes sentía un especial afecto. Eso fue hace mucho tiempo, y aún hay consecuencias dolorosas y vergonzosas de mi actuar.

Debemos recordar que el Señor nos hizo como seres que viven en comunidad, seres que son parte de algo más grande que la propia individualidad. Y, claro está, en nuestro trabajo —sin importar cual sea—, tendremos que interactuar de una u otra manera con personas. En esta interacción, todo será más fácil si nos sentimos parte del grupo. Pero como yo mismo lo experimenté, al intentar ser parte podemos abrir puertas al pecado, y dañaremos así el nombre de Cristo, la Iglesia, nuestra familia, compañeros de trabajo y a nosotros mismos.

Lo cierto es que, con tal de pertenecer, bajaremos la guardia, no podremos —ni querremos— dominar nuestro espíritu (Pr. 16:32). Esto nos llevará a ceder ante las presiones de los compañeros, creyendo que es la forma de crecer profesionalmente y de evitar despidos o llamados de atención. Pensar de esta forma para justificar nuestro pecado únicamente mostrará que en realidad es algo más profundo lo que está pasando en nosotros: nuestra confianza está en las personas y no en Dios. De este modo, abrir la puerta a «pequeños pecados» o hacer «leves concesiones» en nuestra santidad con tal de pertenecer es un precio demasiado alto a pagar.

¿Significa esto que debemos aislarnos de los compañeros de trabajo y no compartir con ellos? De ningún modo. Lo que significa es que debemos trazar líneas claras a fin de cumplir el llamado del Señor a una vida piadosa. Debemos asegurarnos de tomar decisiones y acciones que ayuden a no cruzar esas líneas divisorias. Créeme, abrir la puerta al pecado para pertenecer a un equipo de trabajo dañará demasiados corazones y, «no se dejen engañar: "Las malas compañías corrompen las buenas costumbres"» (1 Co. 15:33). Yo aún pido a Dios que me conceda una oportunidad para pedirles perdón a las personas que dañé con mi hablar pecaminoso a los 22 años.

### ¿Son estos principios solo para el que trabaja?

En nuestros lugares de trabajo solemos coincidir con personas de diferentes trasfondos, con una variedad de luchas y anhelos personales. Hay personas de todo tipo. Siendo así, nuestros principios cristianos se verán al borde del colapso en diversas ocasiones, pues tendremos cerca de nosotros muchas ocasiones para vivir el pecado desenfrenadamente.

Pero la verdad es que todo lo que he dicho anteriormente no solo es aplicable en una oficina, un taller o cualquier otro lugar de trabajo, sino que está muy presente también en los centros de estudio. Que nadie se sienta excluido al leer este capítulo. Para aquellos de ustedes que están estudiando, ese es su trabajo. De modo que, en el salón de clases estarán expuestos a perder su dominio propio en las mismas relaciones que he citado: con los jefes (maestros), subordinados (al liderar un grupo de trabajo para una clase) y compañeros. Además, el deseo de pertenecer es igualmente válido y a veces mucho más predominante. Entonces, no creas que por ser estudiante todo lo que hasta este punto se ha dicho no es aplicable a ti.

## Conclusión

Somos llamados a tener dominio propio, pues eso enaltece el nombre de Cristo. Pero sin duda, nuestros trabajos son un lugar propicio para faltar a este mandato. Sin embargo, el hecho de que un sitio nos ayude a exponer nuestro pecado no es una justificación para cometerlo. Esto debe servirnos de alerta para depender más del Señor y vivir aferrados a su Palabra.

Sin importar en donde estés, sigue vigente el llamado a «[ser santo], porque [Él es] santo» (1 P. 1:16b). No hay escapatorias. Si no estás determinado a mantener dominio propio en tus relaciones laborales, esta falta de autocontrol te destruirá,[1] y no solo a ti, sino también a aquellos que amas y, sin duda, traerá descrédito a nuestro Dios.

---

1. Para conocer más acerca de las consecuencias de una falta de dominio propio, véase el capítulo 5, titulado «Consecuencias de no tener dominio propio», por Josué Pineda Dale.

# 18

# El dominio propio en tu hogar

*JOHN EDGAR SANDOVAL*

El dominio propio en la iglesia local y en el trabajo son importantes, pero no olvidemos que mucho de nuestro tiempo lo pasamos en casa: en nuestro hogar, dulce hogar. Pero ¿demostramos genuinamente el dominio propio ante todos, es decir, tenemos un hogar guiado por Dios, controlado y que es una delicia para todos los que habitan allí con nosotros? Para ayudarnos a aplicar el dominio propio en nuestros hogares repasaremos la vida de varios hombres del Antiguo Testamento y su lucha por obtener el dominio propio en eventos puntuales con sus seres amados y personas allegadas a ellos, seguido de una breve reflexión cristiana para nosotros que vivimos de este lado de la cruz, con el fin de admirar y descansar en la obra del varón perfecto, Jesucristo.

## Los patriarcas sin dominio propio

Iniciamos con Noé, quien fue un hombre justo (Gn. 6:8), viviendo en una sociedad torcida y dada al desenfreno (Gn. 6:5-6; Jud. 14-16). Este hombre de fe «preparó un arca», aunque no se veían las cosas predichas por Dios (He. 11:7), y predicó acerca de la justicia de Dios sobre los pecadores, sin que creyeran su

175

mensaje (2 P. 2:5). A pesar de tantas virtudes, después de salir del arca, «plantó una viña», se emborrachó, «se desnudó» y fue de tropiezo para sus hijos (Gn. 9:20-22). Aunque Noé fue un hombre sobresaliente y figura en la galería de la fe de Hebreos 11, tuvo problemas con la falta de dominio propio. Sin embargo, este hombre —al igual que nosotros— «halló gracia ante los ojos del Señor» (Gn. 6:8). Estás son grandes noticias para Noé y para todos los que vendrían después de él. Por eso siempre es bueno recordar que no hay nada bueno en nosotros que no sea por la gracia de Dios. Continuemos con nuestro padre en la fe: Abraham. De todos es sabido del problema del patriarca con su carácter, fallando en honrar a su esposa cuando dijo en dos ocasiones que era su hermana, exponiéndola al peligro y la vergüenza, mientras procuraba su propia honra y protección (Gn. 12:11-15; 20:2-3). También lo recordamos por llegarse a Agar, su sierva (Gn. 16:1-6), trayendo «agravio» a Sarai (Gn. 16:5). Sin embargo, Dios la honra cambiando su nombre Sarai por Sara (Gn. 17:15-16), y exhortando a su esposo, Abraham, a «presta[rle] atención» a ella en lugar de a su sierva Agar e Ismael su hijo (Gn. 21:9-12). De todo lo anterior se desprende que aun los hombres de fe tienen grietas en su carácter. Por un lado, pueden ser muy inspiradores en acontecimientos desafiantes al ojo humano, como ocurrió con Abraham al seguir el llamado de Dios «sin saber adónde iba» (He. 11:8). Por el otro lado, pueden no ser tan coherentes en manifestar ese dominio en lo más íntimo de su ser. Lo cierto es que Dios obró en su vida, pasando de servir a «otros dioses» junto con su familia (Jos. 24:2), a creer «en Aquel que justifica al impío»; por lo tanto «su fe se le cuenta por justicia» (Ro. 4:5).

Ahora veamos a Jacob, un hombre cuya concepción, vocación y bendición fue predicha por Dios a su madre (Gn. 25:21-23). Demostró desde niño un gran interés por los asuntos religiosos de la familia (Gn. 25:31-34), aunque claro que no siempre con las mejores intenciones. Además, tuvo la iniciativa de obedecer a sus padres en procura de un futuro para él y su familia

(Gn. 27:6-10; 28:1-5). Sin embargo, su astucia, medias verdades o mentiras y codicia personal, trajeron problemas a él y a sus descendientes por muchas generaciones (problemas con Esaú, con Labán, con sus mujeres, con sus hijos, con los cananeos, etc.). La falta de dominio propio en Jacob afectó gravemente sus relaciones familiares, aunque fue un hombre llamado y amado por Dios (Mal. 1:2-3). A pesar de las muchas faltas de Jacob, afectando a su familia de muchas maneras, él es el padre terrenal de la nación de Israel. Si no fuera por el llamado divino, esos pecados que destruyen familias, incluido la intemperancia vista en el patriarca, únicamente hubieran traído destrucción, sin esperanza alguna. Lo cierto es que la salvación que Dios provee, por su gracia, eligiéndonos desde antes de nacer, es la base para una transformación genuina y duradera de nuestro carácter. Así sucedió con Jacob, llamado después Israel (Gn. 32:24-32) y héroe de la fe para todos (He. 11:9, 21).

## El libertador y un seguidor sin dominio propio

Pasemos a observar a Moisés, el gran libertador de Israel. Desde el principio, fue un hombre amado por Dios y sus padres, quienes lo protegieron hasta que providencialmente llegó a la corte del mismísimo Faraón (Éx. 2:1-10). Fue educado para la corte, sobresalió en muchos sentidos a los hombres de su tiempo (Hch. 7:19-22), pero su evidente problema de carácter lo hizo matar un egipcio (Éx. 2:11-15), enojarse con los israelitas varias veces (Éx. 17:4), abandonar a su familia dedicándose a su trabajo desproporcionadamente (Éx. 18:13-24), de tal manera que finalmente no pudo entrar a la tierra prometida por la que tanto trabajó (Dt. 32:48-52). Al final de sus días, llegó a ser transformado por la gracia de Dios, en «un hombre muy humilde, más que cualquier otro hombre sobre la superficie de la tierra» (Nm. 12:3).

Es muy ilustrativo que los grandes líderes del pueblo de Dios en el Antiguo Testamento eran personas que poseyeron una rara mezcla de vicios y virtudes. La Biblia no las oculta, pero tampoco las condona. Podemos identificarnos fácilmente con dicha mezcla, ya que a menudo nos enfrentamos a situaciones similares. Es común que nos enojemos con facilidad y que reaccionemos inadecuadamente contra aquellos a quienes servimos. También, seguramente con buena intención, dedicamos más de lo debido al trabajo de Dios, como si el hogar no estuviera primero (1 Ti. 3:4-5). Ni Moisés ni nosotros podemos ser aceptos delante de Dios por nuestros propios medios, a menos que tengamos un Mediador fiel (He. 3:1-6).

Hay otro personaje del que podemos aprender: Acán. Israel vino del desierto, en dirección a Canaán, y miró la ciudad de Jericó grande, poderosa y rica. Dios prometió destruir la ciudad, pero todos debían abstenerse de tomar botín de ella, porque estaba bajo su maldición y las ganancias serían para sostener el futuro templo (Jos. 6:1-2, 17-19). Pero Acán se creyó muy listo. Decidió desobedecer tomando un botín con sigilo y escondiéndolo bajo su tienda (Jos. 7:1, 14-23). Lo peor, es que la codicia de este descendiente de Judá costó la vida de muchos hombres en guerra, el avance del pueblo se detuvo, la victoria se volvió derrota y su familia sufrió las consecuencias por siempre, pues su testimonio se recordó por siglos (Jos. 7:24-26).

La riqueza material no es mala en sí misma, siempre que cumpla el propósito de glorificar a Dios y servir al prójimo,[1] como enseñó otro de la familia de Judá (Mt. 6:1-3; 19-24). El problema de Acán estuvo en desobedecer la orden divina por no contentarse con su situación financiera, pensar solo en su interés personal, codiciar la riqueza de los impíos, comprometiendo su honra personal y familiar, olvidando que los avaros no «tiene[n] herencia en el reino de Cristo y de Dios» (Ef. 5:5). La templanza en el área financiera nos guardará a nosotros y nuestras familias (Pr. 28:22).

---

1. Para más acerca de este tema, véase el capítulo 15: «El dominio propio y tu dinero», de Luis Contreras y Rudy Ordoñez.

## Jueces sin dominio propio

Nuestro siguiente personaje es Jefté, a quien la Biblia presenta como un héroe de la fe (He. 11:32). Conocido como un «guerrero valiente» (Jue. 11:1), era también «hijo de una ramera» y de un padre galaadita. Este hombre tuvo problemas personales y familiares que lo llevaron al rechazo de sus hermanos mayores y a juntarse, en su lugar, con «hombres indignos» (Jue. 11:1-4). Jefté fue juez de Israel en medio de una grave coyuntura política con los amonitas, quienes tuvieron un origen igualmente oscuro (Gn. 19:36-38). Observamos la falta de autocontrol en que Jefté negoció su apoyo a la causa, si le garantizaban ser el líder de la nación y de su pueblo en Galaad, lo cual, en efecto, logró (Jue. 11:9-11). Su celo por fortalecer su posición ante la familia, tribu y nación lo llevó a asumir compromisos que Dios no exigió, ni que él sabía si podía cumplir (Jue. 11:30-31). Ganó la guerra, obtuvo respeto social, pero sacrificó a su joven e inocente hija a fin de cumplir con un compromiso insensato (Lv. 22:17-33; Nm. 30:1-16; Ec. 5:1-7; Mt. 5:33-37). A menudo también nosotros, buscando alguna forma de aprobación familiar y social, podemos llegar a asumir compromisos más allá de nuestras capacidades. De esta manera, podemos afectar directamente a nuestros seres queridos.

Notemos ahora a Sansón. Este héroe de la fe (He. 11:32) es bastante conocido por los cristianos de todas las épocas y edades. Sabemos que su nacimiento fue predicho por Dios, su conducta fur regulada por Dios y también su vida fue protegida por Dios (Jue 13:1-5). El problema de este juez fue su intemperancia, porque nunca tuvo el control de sus pasiones, hecho que al final lo llevó a una caída vergonzosa (Jue. 16:20-22). Sansón es un personaje que, por su inmadurez e inconstancia, causó estragos en su familia (Jue. 14:1-3, 19; 15:1-8). Los padres de Sansón sufrieron con este hijo inestable, al igual que las mujeres de este poderoso hombre, quien al final es un ejemplo vívido de que es mejor tener dominio propio que ser fuerte, como ya hemos analizado con anterioridad (Pr. 16:32).

Los dones espirituales solo sirven adecuadamente al prójimo y a quien los posee cuando están sustentados en un carácter sólido. Todo lo opuesto al poderoso Sansón, quien tuvo fuerza física, pero no pudo dominar sus emociones. Cuando se enfrentó con varios hombres, venció, pero fue derrotado al lidiar consigo mismo. Es difícil tener hijos así, hermanos emocionalmente inestables, padres viscerales, cónyuges inmaduros en sus emociones, porque los que más sufrirán serán los cercanos a ellos. Observamos que ser de temperamento volátil es ser débil y no fuerte de carácter (Stg. 4:1), porque ser controlado por las emociones, nos llevará a cometer locuras fácilmente (Pr. 14:17).

## Reyes sin dominio propio

No podemos olvidar a David, el rey más insigne de Israel. Se ha oído mucho de sus grandes hazañas (como la victoria sobre Goliat en 1 Samuel 17 y la conquista de Jerusalén en 2 Samuel 5), así como de sus grandes caídas, fracasos e imprudencias (causando guerras, muertes y pobreza en su pueblo [1 S. 21:1-15; 2 S. 11; 13; 24]). Podríamos hablar mucho de sus virtudes y defectos, pero quisiera resaltar su caída con Betsabé (2 S. 11). David cedió a sus deseos sexuales gradualmente (olvidó su debilidad, expuso su vulnerabilidad y halló su oportunidad). Aunque era salmista, profeta y rey ungido por Dios, no se libró de su debilidad por todo ello (Ec. 7:20). Tampoco siguió trabajando en sus conquistas militares, sino que descansó en tiempo de trabajo (Ec. 3:8). Cuando la mayoría de los hombres iban a la guerra y sus mujeres estaban en casa, él encontró su oportunidad para la lujuria desde el palacio ubicado por encima de las casas de Jerusalén (Pr. 27:20). Mientras no hizo lo que debía hacer (ir a la guerra como comandante de Israel [2 S. 11:1-4]), terminó haciendo lo que no debía hacer (codiciar y quitar la mujer de su prójimo [Éx. 20:14, 17]).

Si no fuera por este hecho, poco sabríamos de la lucha íntima de un santo con sus pasiones sexuales y las terribles consecuencias que sufren todos a su alrededor, como lo narra 2 Samuel, sobre la casa de David, es decir: su familia. Tampoco prestaríamos atención a los proverbios que amonestan a los jóvenes sin dominio de su sexualidad, si no fuera Salomón, hijo suyo, quien los escribió en su mayoría (Pr. 1:1-4; 5–7). Impactantes son, además, las conclusiones de Salomón sobre una sexualidad intemperante (Ec. 7:25-29), y las del cronista sagrado, sobre la influencia de un padre lujurioso en un hijo dotado, que aprendió demasiado caro el ignorar el cuidar su corazón como lo más sagrado (Pr. 4:23; 1 R. 11:1-13).

## Conclusión

Sin duda, los hombres de la Biblia son como nosotros en múltiples aspectos. Hay mucho que tenemos en común. Esto nos guarda de verlos más allá de lo que en verdad son: pecadores rescatados por la misma gracia que nos alcanzó a nosotros (1 Co. 10:6, 11-14). Mientras tanto, el Hijo de Dios, nuestro Señor Jesucristo brilla por su madurez, sensatez y dominio propio en el trato con otros, participando en cenas, bodas y actividades sociales, pero siempre agradando en todo a Dios, su Padre (Jn. 8:29). Debemos agradecer a Dios porque su evangelio es poder divino para salvación de todos los pecados de los que creen en Él, incluyendo la falta de moderación en sus múltiples manifestaciones (Ro. 1:16-17, 21-31).

Por lo tanto, descansa todas tus debilidades de carácter en «Aquel que es poderoso para hacer todo mucho más abundantemente de lo que pedimos o entendemos, según el poder que obra en nosotros, a Él *sea* la gloria en la iglesia y en Cristo Jesús por todas las generaciones, por los siglos de los siglos. Amén» (Ef. 3:20-21). Vive una vida controlada, dominada por el Espíritu, sabiendo que tu familia será impactada por tu falta de dominio propio tarde o temprano, o bendecida por la presencia de ese autocontrol, que es fruto del Espíritu.

# 19

## El dominio propio como estilo de vida

*NELSON MATUS*

Después de recorrer las páginas de un libro tan honestamente desafiante y confrontador como este, podrías terminar de al menos tres maneras: (1) gozoso y alentado a seguir en la ruta de la piedad; (2) arrepentido y confrontado, pero con gran esperanza en el Señor; o (3) abatido y desanimado. Si te sientes aplastado y desanimado, sin ver la esperanza del evangelio, quiero comenzar este último capítulo dirigiéndote unas palabras.

Debo reconocer —simplemente no puedo negarlo— que en mis nueve años de matrimonio, muchas veces el tema de conversación con mi esposa ha sido: cómo debería mejorar en mi manera de administrar mi tiempo y crecer en la piedad y conformidad a Cristo. Muchas veces he sido confrontado por mi esposa y por la Palabra del Señor en diversas formas que confluyen en esto: ¡Necesito dominio propio y crecimiento en la piedad!

Con mucha razón, el pastor Sugel Michelén mencionó lo siguiente en un sermón acerca de cómo moldear el carácter de nuestros hijos:

Si no podemos desarrollar el dominio propio, no podremos desarrollar tampoco ninguna de las otras características que conforman un carácter piadoso. En ese sentido, podemos decir que el dominio propio es la puerta de entrada a todas las demás características piadosas que deseamos ver.[1]

En realidad, todo crecimiento en la piedad cristiana involucra el dominio propio en algún sentido. Pero, el dominio propio *no* es algo estático que se obtiene y permanece de manera lineal. Esta virtud del Espíritu Santo demanda un esfuerzo dependiente, intencional y continuo.

## El dominio propio y la esperanza del evangelio

El dominio propio es una búsqueda constante, un anhelo de vida que todo cristiano debe cultivar. Nacemos sin dominio propio, en la corrupción de nuestra carne. Vivimos en un mundo que no colabora en nuestro anhelo por crecer en piedad. Por eso debemos cultivarlo de manera intencional y continua, dependiendo del Espíritu Santo.

En estos últimos años con mi esposa hemos atravesado por cambios importantes que han requerido ajustes de presupuesto, de país, de estatus migratorio, de agenda, y cambios físicos, médicos, de congregación y de ministerio. En un momento llegué a tener varias responsabilidades simultáneas: esposo, pastor-plantador, profesor de un seminario, decano estudiantil del mismo seminario y asistente del vicepresidente —todo esto mientras terminaba mis estudios de maestría. Además, fuimos padres de una preciosa hija hace dos años. ¡Todos estos cambios y circunstancias han demandado largas conversaciones, lágrimas, arrepentimiento, perdón, crecimiento, flexibilidad, aprendizaje y gracia, mucha gracia de Dios!

Si ahora mismo te sientes aplastado, quiero invitarte a mirar a nuestro Salvador. Él nos salvó no porque éramos una novia sin

---

1. Sugel Michelén, «Cultivando el dominio propio, parte 1», *YouTube*, visitado el 23 de febrero 2022, minuto 6:45-7:32, disponible en: https://www.youtube.com/watch?v=1ppd4PwBSP8.

mancha y sin arruga, sino para hacernos esa novia «sin mancha ni arruga ni cosa semejante, [...] santa e inmaculada» para Él mismo (Ef. 5:25-27). Tu Salvador está detrás de todo quebrantamiento que te lleva a buscarlo, desearlo y anhelarlo más. Somos suyos. Somos para Él (1 Co. 8:6; Ro. 14:8; 2 Co. 5:15). Su Espíritu nos anhela celosamente (Stg. 4:5).

¡Hay esperanza! El evangelio nos garantiza perdón y aceptación, pero no solo eso; también nos garantiza la gracia divina para el cambio y la santificación. Porque «la misma gracia que nos da la salvación, también nos ayuda a practicar el control personal».[2] Es bueno recordarnos constantemente que «Su divino poder nos ha concedido todo cuanto concierne a la vida y a la piedad» (2 P. 1:3a). Así que, hay perdón; pero también hay poder transformador: Dios mismo, «el que comenzó en [nosotros] la buena obra, la perfeccionará hasta el día de Cristo Jesús» (Fil. 1:6). Por lo tanto, no nos desanimemos en nuestra lucha diaria por ejercer el dominio propio.

Hoy mismo, en cualquier momento y oportunidad podemos venir a nuestro Salvador en humilde arrepentimiento. Entonces seremos recibidos, aceptados y perdonados, además de capacitados y fortalecidos con poder de lo alto. Nosotros, como hijos amados, a diferencia de los inconversos, podemos pedir y practicar un dominio propio que proviene de una fuente infinitamente más poderosa que nosotros mismos. Con lo anterior no estoy diciendo que a Dios no le importa nuestra falta de dominio propio. Únicamente quiero recordarte que estás perdonado, por la gracia y mérito de Cristo, y que hay poder para el cambio y crecimiento.

Además, es vital el crecimiento de nuestra comunión diaria con el Señor para que este fruto sea cada vez más evidente, influyente y tangible. Pero ¿cómo podríamos crecer en esta comunión si no dominamos el tiempo, si no controlamos nuestro espíritu, si no medimos nuestras palabras? ¿Lo ves? El dominio

---

2. Jerry Bridges, *Pecados respetables: Confrontemos esos pecados que toleramos* (El Paso, TX: Editorial Mundo Hispano, 2008), p. 122.

propio estará relacionado siempre en manera directa con el crecimiento de tu piedad y, al mismo tiempo, mientras más creces en piedad, mayor fruto del Espíritu Santo habrá en tu vida. Al mismo tiempo, es importante recordar que sin la Palabra de Dios y el Espíritu Santo, el dominio propio bíblico sería imposible. Deben ir juntos. En línea con esto, el pastor John McArthur afirma: «Ser llenos del Espíritu significa vivir en la presencia consciente del Señor Jesucristo y permitir que su mente, por medio de la Palabra, domine todo lo que se piensa y se hace. Ser llenos del Espíritu es lo mismo que andar en el Espíritu».[3] Esta es la clase de vida poderosa y plena que Pablo describe en Romanos 8. Lo hermoso es que el mismo poder que levantó a Cristo de la muerte, opera y trabaja en nosotros, los que creemos (Ef. 1:18-20). Por lo tanto, el dominio propio bíblico no es natural en el ser humano; es una gracia conferida como fruto del Espíritu de Dios, exclusivamente a los creyentes. ¡Este es el poder que está disponible para ti y para mí! En palabras de Jerry Bridges: «Podríamos decir que el dominio propio no es dominarnos por nosotros mismos [...] sino que es el control de uno mismo por el poder del Espíritu Santo que opera en nosotros».[4]

### El dominio propio como estilo de vida del cristiano

El dominio propio no es una meta estática. Demandará una humilde y continua búsqueda de Dios, así como una renovación constante de tu mente, corazón y deseos por la Palabra de Dios. Además, exigirá arrepentimiento, confesión y ayuda de otros hombres más piadosos que tú. En otras palabras: es un camino de vida para todo cristiano.

En Hechos 24:24-25, pasaje que consideramos en la introducción, el apóstol Pablo está presentando su defensa ante Félix,

3. John MacArthur, *Biblia de estudio MacArthur* (Nashville, TN: Thomas Nelson, 1997), Efesios 5:18.
4. Bridges, *Pecados respetables*, p. 123.

gobernador de Cesarea, y Drusila su mujer. Mientras Pablo diser-
taba acerca de «la justicia, el dominio propio y el juicio venidero»,
Félix se espantó. Miren cómo Pablo define lo que es la vida práctica del cristiano: una vida de justicia y de dominio propio. ¡Este
es un camino de vida! Es una característica esencial y diferencial
del cristiano. Pablo resume la vida del cristiano como una vida
de justicia práctica y de dominio propio, es decir, ya no es una
vida de esclavitud a la carne y los deseos mundanos. La justicia y
el dominio propio son las virtudes que adornan y caracterizan
la vida del cristiano, características que seguro Félix no poseía,
por eso se espantó.

Las luchas que tuve hace 20 años no son las mismas que tengo
hoy. Los desafíos que tuve que enfrentar, las distracciones, tentaciones, debilidades, responsabilidades, pasatiempos, amistades,
oportunidades, tareas, ministerios y horarios que tengo hoy ¡son
abismalmente diferentes! Pero, aunque hace 20 años necesité el
dominio propio en otras maneras, hoy lo sigo buscando, anhe-
lando y cultivando, porque es un camino a seguir en mi vida.

Otro pasaje importante que nos ayuda a comprender la necesidad de cultivar el dominio propio como estilo de vida, está en
Tito 2:12, en donde somos exhortados así: «negando la impiedad y los deseos mundanos, *vivamos en este mundo sobria, justa y
piadosamente*» (énfasis añadido). El dominio propio, es decir, la
vida sobria —una vez más—, se menciona como una cualidad
que caracteriza a los cristianos en su andar. El dominio propio
no será una búsqueda casual, sino un piadoso anhelo intencional
de vida. Sin embargo, debemos recordar que el dominio propio
no es un fin en sí mismo, ni tampoco buscamos cultivarlo con
propósitos egoístas (como en el caso de los deportistas que se
disciplinan para buscar una carrera de triunfos y logros para su
propio mérito y gloria —como vimos en el primer capítulo). El
dominio propio bíblico es principalmente una búsqueda de lo
que trae gloria a Dios y beneficio a muchos que te rodean, pero,
no es solo una represión o rechazo de los deleites pecaminosos,
es también la búsqueda de los verdaderos deleites piadosos.

## El dominio propio bíblico no es ascetismo[5]

Aunque el cristiano es exhortado a abstenerse de los deseos carnales y las pasiones pecaminosas y mundanales, no ejercemos y buscamos el dominio propio como una manera de suprimir todo placer. También ejercemos dominio propio para vivir activamente dentro de los placeres legítimos y bíblicos que Dios nos ha concedido. Observen lo que Pablo le dice a Timoteo: «A los ricos en este mundo, enséñales que no sean altaneros ni pongan su esperanza en la incertidumbre de las riquezas, sino en Dios, el cual *nos da abundantemente todas las cosas para que las disfrutemos*» (1 Ti. 6:17, énfasis añadido). En otras palabras, existen deleites legítimos para el cristiano. Sí, los hay, porque no somos ascetas, somos hijos de Dios y podemos disfrutar de lo que Él nos provee.

Déjame poner un ejemplo: Dios me permite y manda a gozar mi sexualidad con mi esposa. Por un lado, debo ejercer el dominio propio sobre los pecados sexuales que atentan contra el diseño de Dios y mi fidelidad al pacto matrimonial; por otro lado, el dominio no es solo con el fin de negarme al pecado, sino que es también con el deseo de glorificar a Dios disfrutando de los deleites legítimos, en este caso, la sexualidad con mi esposa. ¡Disfrutar de este deleite también glorifica a Dios! Hay que tener sumo cuidado con limitar el dominio propio solo a la esfera de la negación, sin señalar que también lo cultivamos con el propósito de glorificar a Dios deleitándonos en todo lo que Dios mismo ha llamado deleite bíblico, piadoso y legítimo.

Mira lo que la Escritura dice en Proverbios 25:16: «¿Has hallado miel? Come *solo* lo que necesites, no sea que te hartes y la vomites». No somos ascetas para negarnos a probar y disfrutar

---

5. Ascetismo es la «abnegación rigurosa de los placeres y necesidades corporales. Esto puede estar motivado por un loable deseo de dedicarse por completo a Dios, o por una creencia errónea de que el cuerpo físico es malo». Martin H. Manser, *Dictionary of Bible Themes: The Accessible and Comprehensive Tool for Topical Studies* [*Diccionario de temas bíblicos: La herramienta accessible y comprensiva para estudios tópicos*] (London: Martin Manser, 2009), «Ascetism» [«Ascetismo»].

la miel. Somos cristianos y podemos disfrutarla, pero al mismo tiempo, tenemos la capacidad de decir: «suficiente, basta»; es decir, tengo dominio para poner límite. El dominio propio, entonces, me ayuda a gozar de los deleites legítimos y piadosos, me ayuda a negarme a ellos cuando creo que es sabio voluntariamente hacerlo, y también me ayuda a decir «¡No!» de manera rotunda a toda desobediencia a las Escrituras, o a cualquier exceso o deseo pecaminoso. A continuación, nombro algunos ejemplos de lo anterior:

- Disfrutamos de la comida, pero nos negaremos a la glotonería.
- Disfrutamos el descanso, pero nos negaremos a la pereza.
- Disfrutamos las amistades, pero nos negaremos al chisme y las conversaciones vanas.
- Disfrutamos tener conversaciones edificantes, pero nos negaremos a las obscenidades y conversaciones corrompidas y vulgares.
- Disfrutamos del sustento que es fruto del trabajo, pero nos negaremos al afán, la adicción al trabajo y la ambición.
- Disfrutamos el dinero y las posesiones que Dios nos da, pero nos negaremos a la avaricia, la codicia y el robo.
- Disfrutaremos el sexo en el pacto matrimonial, pero nos negaremos a la lujuria, a lo deshonroso, a la impureza, la fornicación y el adulterio.
- Disfrutaremos una fiesta y el júbilo de una boda, pero nos negaremos a las borracheras y las pasiones mundanas y sensuales.
- Disfrutaremos de algún pasatiempo, pero nos negaremos a ser esclavos de ellos de manera que descuidemos nuestras responsabilidades bíblicas y primordiales.
- Disfrutamos el ejercicio, el deporte y el cuidado del cuerpo, pero nos negaremos a la vanidad, la presunción y la sensualidad.
- Disfrutaremos el compartir con otros, pero nos negaremos a ser despilfarradores y derrochadores.

¿En qué áreas de tu vida se está librando más intensamente la lucha? ¿En qué áreas es más evidente tu necesidad de dominio propio? La falta de dominio propio está en todas partes; de ahí que este libro tenga varios capítulos, tratando de cubrir las diferentes áreas. Debemos evaluarnos constantemente, ya que es una lucha feroz. En palabras de Jerry Bridges: «El dominio propio que aparece en la Biblia abarca todas las áreas de la vida y requiere una guerra incesante contra las pasiones de la carne que batallan contra el alma (1 P. 2:11)».[6] Claramente esto no es un juego, y necesitamos depender del Señor. La vida llena del Espíritu de Dios tiene su marca en todas las dimensiones de la vida del cristiano, tanto las internas (motivaciones, deseos y afectos) como en las externas (sus acciones y conducta). Por eso, debemos ser honestos en autoevaluarnos, ya que con seguridad, es en varias áreas que estamos luchando con una falta de dominio propio.

Entonces, para vivir gobernados por principios bíblicos, bajo el dominio de Cristo y el control del Espíritu Santo de Dios, es clave la comunión diaria y continua con el Señor y la instrucción bíblica que renueva la mente del creyente. Si no conocemos su diseño y sus límites, no sabremos cómo vivir justa y piadosamente. La piedad tiene una conexión inseparable con la verdad de Dios. En otras palabras, no puedes ser piadoso a menos que estés lleno de su Palabra. Benjamín Keach (1648–1704), un predicador bautista particular inglés, escribió lo siguiente:

*Piedad*, en lo más profundo, es una conformidad santa con [los] principios sagrados y divinos, que el hombre natural no comprende. La *verdadera piedad* consiste de la luz de las verdades y la vida de gracia sobrenaturales, Dios [...] obrando la vida de gracia sobrenatural en el alma por medio del Espíritu Santo.[7]

---

6. Bridges. *Pecados respetables*, p. 123.
7. Jeff Pollard y Scott T. Brown, eds., *Una teología de la familia* (North Bergen, NJ: Chapel Library, 2018), p. 69.

## Conclusión

Finalmente, permíteme una última nota de precaución y aclaración. A Dios no solo le importa qué hacemos, sino también cómo lo hacemos y para qué lo hacemos —el hecho, la motivación y el propósito—. Por lo tanto, ten cuidado con intentar crecer en dominio propio y piedad en la mera «fuerza de voluntad». Al mismo tiempo, ten mucho cuidado con hacerlo «para la gloria de tu reputación». El dominio propio debe ser motivado principalmente para mantener a Dios en prioridad y gozar de comunión con Él; luego, para vivir en obediencia amorosa a su Palabra y su voluntad reveladas; y, por último, para que Él sea magnificado en tu vida para tu gozo, el bien de tu esposa, hijos, el cuerpo de Cristo y el mundo que te rodea.

Como escribió Richard Steele (1629–1692), un puritano inglés: «El íntegro tiene solo una felicidad y esta es disfrutar de Dios; tiene una sola regla, esta es su santa voluntad; tiene una sola obra, y esta es complacer a su Hacedor».[8] Únete a las palabras del apóstol Pablo, quien escribió: «ambicionamos agradar al Señor» (2 Co. 5:9). ¡Tu deseo debe ser que Él sea glorificado! El fin supremo de cultivar el dominio propio no es poseerlo; el fin supremo es glorificar a Dios, el crecimiento en la piedad (interna y externa), la obediencia amorosa a Dios y el deleitarte en Él como prioridad y máximo bien en tu existencia. Por lo tanto, cultiva el dominio propio por el poder del Espíritu Santo. Este será tu camino de vida hasta tu glorificación. No obstante, recuerda que no estás solo. Ten ánimo y que la gracia de Dios sea con todos nosotros hasta el fin, amén.

---

8. Polland y Brown, *Una teología de la familia*, p. 73.

191

# Soldados de Jesucristo

Soldados de Jesucristo es el fruto de una conversación entre cinco amigos de distintos países que se conocían únicamente por redes sociales. Colombia, República Dominicana, Venezuela y Argentina fueron las naciones representadas en su fundación. En sus inicios, este ministerio existía solamente como una página en Facebook que publicaba imágenes con frases de predicadores y versículos bíblicos. Con el paso del tiempo, creció hasta convertirse en un sitio web que incluye artículos originales y entrevistas en video con pastores de distintos países. Por la gracia de Dios, hoy tiene más de 1.7 millones de seguidores en Facebook, otros miles en distintas redes sociales y cientos de miles que visitan el sitio web.

Soldados de Jesucristo existe para apoyar a la iglesia local predicando el evangelio de la gracia de Dios por todos los medios en línea, a todo el mundo. Este objetivo ha abierto puertas para conocer la realidad de nuestra América Latina, y fomentar diversas iniciativas como un medio de bendición para muchos. El entender la realidad de la iglesia de Cristo en Latinoamérica nos llevó a comprender la gran necesidad de un espacio dedicado a los hombres de esta región del mundo, proveyendo recursos que les haga ver a Cristo y les permita ser conformados a su imagen en cada aspecto de sus vidas.

Así nació Hombre Renovado, que inicialmente presentó artículos de blog y episodios de pódcast con el tema «el hombre y el orgullo». Damos gracias a Dios porque el material publicado en diferentes plataformas fue bien acogido en distintos países, y todos fuimos bendecidos, desafiados y animados en el proceso. Confiando en la misericordia del Señor, en los próximos años se mantendrá el mismo formato, mientras consideramos adicionar otros elementos que esperamos sean de bendición para todos los hombres de habla hispana. Otros temas que exploraremos son: la sabiduría en la vida del hombre, las características que todo hombre piadoso debe cultivar, meditaciones sobre la realidad de la muerte, y otros. Nuestra oración es que el libro que tienes en tus manos, así como los que están por venir en esta serie, nos ayuden a vivir vidas santas y agradables al Señor.

Todo cuanto se hace en Soldados de Jesucristo es gracias al apoyo de un equipo comprometido que ha dispuesto de su tiempo *ad honorem* para llevar adelante trabajos de diseño, edición, publicación, contenidos, etc. Estamos sumamente agradecidos a Dios por tanta bondad. Si deseas leer más sobre nosotros y los recursos que producimos, visita www.somossoldados.org. Si deseas más información o unirte a nuestro equipo, escríbenos a contacto@somossoldados.org.

# Índice de referencias bíblicas

# Índice de referencias bíblicas

# Índice de referencias bíblicas

# Índice temático

Índice temático

# Índice temático